なぜ社会人大学院で学ぶのか　Ⅰ

―人生１００年時代の学び直し―

山越誠司・藤本研一　他８名

はしがき

本書が出来上がった意外な経緯をお話しします。昨年、クラウドファンディングによって『学び直しで「リモート博士」』（アメージング出版、２０２３年）という書籍を出版いたしました。その後、成り行きで社会人大学院の研究会を立ち上げています。「働きながら社会人大学院で学ぶ研究会」という名称でスタートしました。詳細はこの後の「お知らせ」をご参照いただけますと幸いです。

そして、研究会で何か成果物を作りたいと思い、２０２３年12月９日にオンライン会議でメンバーと共著の可能性について議論したところ、出版企画、各自の概要作成、原稿の執筆と順調に進み、２０２４年７月には出版が実現したというめずらしい展開となっています。「思いは実現する」といいますが、まさしくその表現がピッタリと当てはまる出来事でした。

また、良いメンバーに恵まれました。それぞれ個性がありますが社会経験が豊富なため、協調性も兼ね備えているので、共同作業において大きな障害に出くわすこともありませんでした。

本書は社会人が大学院を活用する場合の考え方や著者の経験についてまとめたもので、第1章から第10章まで10名の執筆者による共著になり、生涯教育についてそれぞれの視点で論じています。

前半部分は総論的な内容が中心で、後半は個人的な経験談も取り入れた各論的な内容になっています。よって、様々な課題を抱える読者の方には、社会人の学び直として大学院をどのように活用していくべきか、本書から多くのヒントを見出していただけるのではないかと思います。

本書を世に出すあたりお礼を申し上げたい方々がいます。まず、第1章に特別寄稿いただきました藤原直哉氏には、本書の出版趣旨をご理解いただき、書き下ろしの原稿をお寄せいただいております。藤原氏はアメリカのワシントン大学経営大学院の特別プログラムの開設をはじめ、多くの教育プログラムを運営されています。そこでの教育効果をじっくりと醸成され、多くの優秀な人材を世に輩出してきました。そのような藤原氏に特別寄稿いただけたことは私たちとしては幸運でした。心よりお礼申し上げます。

また、本書の出版を快諾いただいたアメージング出版の千葉慎也氏にもお礼を申し上げなければなりません。毎回、商業的には首をかしげるような企画でも、社会的に意義があるのではないかという仮説のもとに出版をご了解いただいています。感謝の念に堪えません。そろそろ商業的にも成功しなければならないと焦ります。

そして最後に本書は「予約注文支援プログラム」の支援を受けて出版することができています。我々執筆者の気持ちを汲んでいただき、ご支援いただいた皆様には心よりお礼申し上げます。本当にありがとうございます。皆様のご支援を糧に執筆者一同これからも精進してまいります。

ご支援いただいた方々は次頁のとおりです（敬称略、順不同）。

２０２４年６月
山越誠司

予約注文の御支援者様（順不同・敬称略）

上片洋子・中野芳則・山上嘉信・山田英子・岩澤恵子・安井庸子・浅野貴志・西島雅俊・千葉陽子・伊藤一重・出口伸子・岡部知行・古賀章浩・安藤薫子・真瀬宏司・宮井健吉・小山節子・酒井智美・野中大祐・森内泰・渡辺恭江・村山充・倉掛ゆかり・大西淳・中井喜之・浅田謙司・山田信一・石田宏実・山口陽子・清水智子・笹木康平・鈴木洋二・安富啓・内藤和美・山本明・西方義明・藤本一昭・藤安貴士・佐々田千鶴絵・石井直人・田村香織・宮本英昌・後藤宏二・碇敏明・栗原裕子・玉城力・浜田健一郎・イリエヒデヤ・宮本優子・滝澤宏行・キムテグワン・工藤慎也・長嶋美穂子・嘉数久美子・麻生正信・岡村泰照・樋口裕一郎・多田英明・村山充・三好達也・高橋晴輝・江川剛史・中谷一宏・石坂明寛・阿部瑞穂・山田博智・中井康博・福島崇人・伊藤光晴・榎本菜摘・村上隆晃・持田信之・阿多真人・阿部朗・宇都宮大地・長谷川博亮・森元郁・河野英介・阿部大祐・慶應義塾大学（ＳＦＣ日本語・伴野）・前川洋貴・山本潔・加藤晃一・箱守裕香子・長橋良智・栗田智子・河本崇代・大塚和光・水永大輔・石井貴幸・松浦由佳・塩塚実奈・山浦拓・柳生嘉洋・仲田紘基・方円堂書店・松井良和・狐塚淳・藤井康平

【お知らせ】

社会人大学院に関する研究会の会員を募集しています。特に社会人大学院に関する有用な情報を得たい、意欲的な方々とネットワークを築きたい、あるいは議論した内容の共著者（分担執筆）になってみたい方は、是非ご検討ください。CAMPFIREのコミュニティで「働きながら社会人大学院で学ぶ研究会」と検索していただければ、趣旨をご覧いただけます。

現在、約30名の会員がおりますが、議論を活性化するためにも様々な分野の方の参加をお待ちしております。

【詳しくはコチラ】

https://community.camp-fire.jp/projects/view/679063

目次

はじめに

山越誠司

学び直し、リカレント教育、リスキリングなどいわれる社会人教育について様々な方法があります。本書ではあえて社会人大学院での学びを中心に各執筆者に原稿を書いてもらいました。理由は数ある社会人教育の方法論の中で、大学院教育は潜在的な可能性をより秘めているのではないかと考えたからです。別の言い方をするなら、社会人大学院はまだ十分活用されていないということです。

最前線で活躍されている社会人ほど大学院という学び舎に戻って研究することで、新しい視点や手法あるいは技術を獲得することができるのではないかと筆者は考えています。獲得したものを現場に持ち帰って実践することで成果を出せるのではないかと。

せっかく得られた理論は実践しなければ社会に還元できません。実践によってこそ理論が正しいか検証でき、また改善することもできるわけです。そういう意味で、私たちは理論的な研究をする大学院を実務家が活用することでもっと成長でき、具体的な成果につなげることができるであろうという仮説を立てました。

ところで、「社会人大学院」という呼称は日本ならではなのかもしれません。なぜなら他の先進諸国では聞きなれない呼び方だからです。社会人が大学院に行くこと自体、特別なことではない他国に比べて、日本ではかなりめずらしいことなのでしょう。だからこそ「社会人大学院」というある意味で奇妙な呼び名ができたのかもしれません。

調べてみると1990年代初頭あたりから「社会人大学院」という言葉が使われているようです。そのように呼ばなければ、社会人が大学院に行くという発想にならないのが日本なのかもしれません。

国立情報学研究所が運営する文献や論文を検索するための CiNii（サイニィ）というデータベースで調べると、近藤智雄『53歳の学生証：社会人大学院一期生の記録』（毎日新聞社1991年）が、社会人大学院をテーマとして扱う、わが国最初の書籍のようです。

著者の近藤氏は、新聞社を退職する間際に生涯教育として名古屋市立大学の社会人大学院に行かれています。当時の大学院設置基準には、少なくとも一年間は昼間に授業を行わなければならない等の制約があったようですが、名古屋市立大学と筑波大学は1989年にわが国で初の夜間社会人大学院を開設したということです。考えてみますと存在理由がわからない規制や枠組みが教育の世界にはまだ残っているのかもしれません。よって、私たちは一度ゼロから考えてみることも大切なことだと思います。

そして、社会人大学院がスタートしてから35年以上経過したわけですが、社会人大学院が世の中に劇的に浸透したということでもありません。しかし、そろそろ時代は変わり、働き方も生き方も大きな変革を求められている時です。また、私たちは変革を求められる前に、自らを変えて、その変化を楽しんでいくゆとりも必要としています。そのような時代にこそ、一つの手段として社会人大学院を活用してみるのもいいのではないでしょうか。

もちろん、事前の準備は必要で、あらゆる角度からの検証も必要です。軽い気持ちで大学院に進学してしまうのも禁物ですし、慎重になりすぎて及び腰になるのもよくありません。その点、本書は、学問分野や職業を問わず様々な経歴の方々による共著なので、幅広く多くの方々の参考になるのではないかと考えています。これからの働き方や学び方、あるいは生き方そのものを再考したい方は、ぜひ手に取ってお読み頂ければ幸いです。かならず何かしらのヒントは得られるのではないかと思います。

第1章〔特別寄稿〕未来を創造する学び

藤原直哉（ふじわら　なおや）

1960年東京生まれ。1983年東京大学経済学部経済学科卒業、住友電気工業（株）入社。1985年経済企画庁経済研究所出向。1987年ソロモン・ブラザーズ・アジア証券入社。1993年独立。現在、（株）あえるば代表取締役会長、（株）藤原情報教育研究所社長、NPO法人日本再生プログラム推進フォーラム理事長、遠山藤原学校校長、ワシントン大学キーパートナーおよび名誉卒業生。専門は計量経済学、債券数理分析、組織のリーダーシップ、政治経済の国際的時局分析、農業立国・観光立国・健康立国の立案と普及。趣味はアマチュア無線1級、航空機のフライトシミュレーター、ハイキングなど。神奈川県中郡二宮町在住。

何を学べば成功するのか

このたびは有志の皆さんが『なぜ社会人大学院で学ぶのかⅠ』を共著で出版されますことに心から敬意を表します。現代教育の大きな問題は、教育が年齢で輪切りになっていることです。たとえば小学校は基本的に6歳になったら入学するとか、大学は基本的に18歳になったら入学するというように、教育がほとんど人生の通過儀礼のような形で行われます。大学の学部卒業であれば最短で22歳で卒業した後は、原則としてその後の教育はなしで、あとは働いてくださいということになっています。かつて多くの人たちが生業《なりわい》といわれる仕事を代々受け継ぎ、若いころに習った実技と実学でほぼ一生を無事に終えることができた時代は、確かにそれで良かったのかもしれません。しかし、何ができれば成功するかが問われた時代は、やがて、何を知っていれば成功するかの時代に変わり、今はその先の、学び続ける能力を持っていることが、成功への重要な要素になっています。

90年代後半に、欧州でインターネットの普及がビジネスにどのような影響を与えるかのセミナーがあり、参加したことがありました。当時の日本はバブル経済の崩壊で沈滞ムードが蔓延し、確かにインターネットの普及は始まっていましたが、ビジネスパーソンがそれをいかに真剣に取り入れて自分と組織をイノベートしていくかについては、あまり大きな関心が寄せられていませんでした。ところがこのセミナーに行くと、出席者の誰もがプレゼンテーションや会話のなかで、それこそ1分に1回は「ラーニング」という言葉を使っていました。若い人から年配の経営者まで、とにかくラーニング、ラーニングと、まるでマントラを唱えるように学ぶことの大切さを訴えていました。

ちょうど世界は冷戦時代の各国、各業界が孤立した状態から、1990年代のグローバリゼーションで国も業界も根底から大再編されていく時でしたから、インターネットをいかに上手に活用してこのイノベーションを自ら実現させ、自分たちの未来を飛躍させるか、本当に多くのビジネスパーソンが駆け出すように動き出した時期でした。

筆者の経験ではその10年ほど前が金融のデリバティブズと分散型コンピューティング、そしてその20年ほど後がブロックチェーンと、ビジネス界は時々、今までの想像の範囲を突き破る画期的なイノベーションを目の前にしていました。それこそ頭から湯気をふんだんに吹き出しながら、皆が一斉に学び、共に競争しながらよりよい仕事を新しいイノベーションの上に築き上げていく、そういう経験を積み重ねて今日を迎えています。

そこに流れる一貫した思想は、「何を学べば成功するのか」という質問に対する答えを常に追及し、ある日その答えをみつけて実際に何かを学び、その成果として成功を手にすることがビジネスパーソンの生き方だという揺るぎない信念です。

高校で学ぶ、学部で学ぶ、大学院で学ぶ

基本的に義務教育の後は、同じ教育といっても学ぶ場所によって達成されるものが異なっています。まず高校では、生徒は教師が教えたとおりに理解し、記憶し、教えられた範囲内でものごとを考える能力を身につけることが期待されています。すなわち学会ではいろいろ異論があっても、高校の教科書では教育機関によって正当化された理論のみが語られ、生徒は教科書に書いてあるとおりに考えたら良いと「しつけ」られる、それが高校での教育です。

しかし大学の学部では、学生は教師からあらゆる問題について実にたくさんの異論、異説が出され、物事にはあらゆる種類の解釈があることを学びます。すなわち高校と学部の最大の違いは、学部では正当化された一つの理論を学ぶのではなく、教師と学生が一緒に何が本当に正しいのか、授業の場で共に考える、これこそが本当の学部教育です。ですから大学に行くとあらゆる問題が相対化され、すべて自分で考えて納得しなければ、世の中には何ひと

つ確たるものがないということを学ぶのです。残念ながら最近の学部教育の多くは高校の延長のようになっていて、読者諸兄もこういう本来の学部教育を受けなかったかもしれません。

そして大学院は、自分で理論を生み出すプロセスを学ぶのです。すなわち大いに悩み、大いに考えるのが学部教育だとしたら、迷いの中から自分なりに何が正しいかの光明を見つけて、自分が確信する結論を説得力ある形で世の中に紹介していくプロセス、これを学ぶのが大学院です。ですから大学院まで行き学ぶと、学生は自分で推論し、自分で説得力ある結論を導くことができるようになります。そしてその能力を生かして自分なりの考え方を人に勧め、その考え方と結論にもとづいて、共に新しい未来を建設していくことができるようになります。

しかし、この30年ほどはこれとは違う大学院教育が世界に広がりました。それは地球全体の経済のグローバル化に対応するための教育です。グローバリゼーションの時代になると、各国で教養を積んだだけ、あるいは今までの組織で実務経験を積んだだけではグローバル経済の最前線で活躍するにはあまりにも準備不足。そこで特に欧米の経営大学院や法科大学院、あるいは技術系であれば各専門分野の大学院に世界中から学生あるいはビジネスパーソンを集めて、実際にグローバル企業で行われている仕事を今すぐにでも担えるようにするための教育が行われました。日本も一時はそういう大学院に本当に多くの人が通いましたが、近年はグローバリゼーションがすっかり下火になり、こうした、ある種の実務教育はあまり人気がなくなっています。

働きながら学ぶ

では、働きながら学ぶ意味はどこにあるのでしょうか。今のように「学び続けることができる能力」とはっきりいう以前から、職業人は時々仕事を長期休暇し、リフレッシュすることが大切だといわれてきました。

すなわち仕事はどうしても実務主体ですから、なぜこの方法で仕事をするのか、他に方法はないのか、本当にこの方法で良いのかといった振り返りは、なかなか実務のなかではできません。さらに異なる常識を持った人たちとの交流や、自分自身の内面の探求など、実務では不足しがちな勉強をしないと、年を重ねるにつれて中だるみになり、仕事のやる気も落ちていきます。

働きながら学ぶことは、自分と組織の未来の持続的発展に向けて、どこから見ても欠かすことのできない要素であり、年齢で輪切りにした教育のために軽視されてきた生涯教育を職場で具体的に実現するもの、それが働きながら学ぶということです。

では具体的に働きながら何をどう学べばよいかですが、そこに一つの答えはなく、各自、各組織が常に考えて創造していくべき重要な課題です。

自己紹介

ここで筆者の自己紹介をすると、１９６０年生まれ、東京大学経済学部では計量経済学を専攻。社会人になって2年間、当時の経済企画庁経済研究所に出向して、計量経済モデルを使った予測や構造分析に従事。この時に大学の先生と一緒に仕事をして、この2年間が筆者にとっては大学院のようなものとなりました。そこで論文の書き方を習い、実際に分析結果を本にまとめて共著を出版しました。

その後、当時のソロモン・ブラザーズ・アジア証券会社の債券数理分析部に就職し、日本でほとんど誰もやっていなかったデリバティブズの分析などをやっていました。

同時にこれと重なるように１９９０年から10年間、東海大学政治経済学部で基礎数学、応用経済統計を教え、また2年間はゼミナールも開催。さらに１９９５年から5年間は、早稲田大学政治経済学部で国際金融論を教えていました。

そして２００１年から現在に至るまでＮＨＫ文化センターで社会人向けの政治経済の時事問題解説講座を担当。１９９３年に独立してからは、自分の会社で現在に至るまで一貫して時事問題に関する社会人向け講座を東京および地方で開催し、15年ほど前には米国アリゾナ州のサンダーバード経営大学院で英語の時事問題解説をやったこともありました。

また１９９９年から米国ワシントン州シアトルにあるワシントン大学経営大学院で、フジワラ・リーダーシップ・プログラムという独自のリーダーシップ講座を開催。同大学院のリーダーシップの有名教授を招聘して日本から多くの社会人を呼び、逐語訳通訳を入れて、ヨコ型リーダーシップを中心に、現代に成功する組織のリーダーシップを学習する機会を開設。その縁で筆者はワシントン大学のキーパートナーおよび名誉卒業生になっています。その後、教授が個人的に経営する会社とさらに深く提携して、現在に至るまで日米で30回以上のリーダーシップ研修を実施し、多くのビジネスパーソンに組織を成功させるためのヨコ型リーダーシップを学んでもらっています。

一方、こうしたハイパワーの教育と同時並行で、この25年ほど未来の日本と世界を想定して、健康と持続可能性を考えたライフスタイルを提唱。農業立国、観光立国、健康立国を推進するなかで、視察旅行、農業実習、林業実習、里山研修などを各地で社会人向けに開催し、現在は長野県飯田市の遠山郷といわれる山間部で、限界集落の村おこしの一環として遠山藤原学校を開校し、「藤原直哉の学びのカフェ」と名づけた社会人向けの教養講座を、地元に残る廃校となった小学校の木造校舎を使って開催しています。

社会人が何のために大学院に行くのか

自分自身も気がつけば教育と学習について実に多くの経験をしてきました。その経験を踏まえて、これから大学院で学ぼうという社会人の皆さんへアドバイスができるとしたら次のようなことでしょう。

まず、社会人が大学院に行くと、今の実務についてその意味や成り立ち、理論的なことを学ぶことができます。いわば実務に関する教養を学ぶということで、普段の仕事で疑問に思っていること、よく意味が分からないことは、この機会に詳しく学んでおくとよいでしょう。あるいはものの考え方、自分の問題意識の持ち方という面からも、いまの実務に関する教養を学んでおくことはとても意味あることです。実務に関する教養が身につくと、再び職場に戻った時により広く応用が利くようになり、とても有益であることが多いものです。

次に、もう少し積極的に学ぶ場合です。いま職場で行っている実務は、たいていの場合、時代の最先端でも最も優れた方法でもなく、ただ成り行きでそのようなやり方になっているという場合がほとんどです。自分と組織の未来に責任を持つならば、今すぐそれを実現できるかどうかは別にして、今の世界の最先端はどこにあり、未来の最先端はどこになりそうかを学んでおくべきです。今や競争とは競合相手との競争ではなく、世の中の最先端、未来の最先端と今の自分の間の距離をいかに縮めるか、それが現代の競争だと理解すべきです。大学院で理論を学ぶことはもちろん、他国・異業種・異分野の人たちと交流することで、何が最先端かということがわかってくることがよくあります。

次に、先に述べたような、ビジネスパーソンのリフレッシュです。特に大きな目標達成のために大学院で学ぶというよりも、実務に追われて発想と行動が狭く画一化してしまった自分をリフレッシュするために、仕事の緊張を解いて何か新しい課題をみつけて、それについて自分なりに考えてみることはとても貴重なことです。

大学には教養課程がありますが、教養は英語でリベラル・アーツといいます。なぜ教養がリベラルでアーツなのか。それは単純な理論を思い詰めて何か結論を出すのが教養ではなくて、あらゆる可能性、あらゆる方法、そして直感も総動員してその人が持っている潜在力を自由に芸術的に引き出していくこと、それが教養を学ぶことの大きな意義だからです。哲学、歴史、美術その他、何でも実務と直接関係なさそうでも、興味のあることはこの機会に学んでおいて損はありません。

そして4つ目は自分の進路を変える場合です。人生のなかで仕事やライフスタイルを変えたいときに大学院で学ぶことは、未来に関する考えをまとめ、新しい友達を得て、より勇気をもって一歩を踏み出すためにとても有益です。もう今の時代は自分で自分の進路を選択して当たり前。ですから自分自身が納得して一歩を踏み出さないと何も変わりません。その何か、もやもやしたものがあるときに、大学院であらためて今の自分を振り返り、未来を模索し、新しい友達を得ることはとてもありがたいことだと思います。

自分自身で作るたくましい未来に向けて

現代社会においては寿命が延びた分、より長く働き、より長く自分の人生について自分自身が責任を持たなければならなくなっています。かつて戦後の英国は、「ゆりかごから墓場まで」といって、英国人として生まれた国民は、生まれた瞬間から死んで墓に入るまで政府が面倒を見てくれたので安心して暮らすことができました。これはつい50年ほど前までの出来事です。残念ながら今の状況は、どこでもその正反対に近いものがあり、政府に頼って安心して生きていくことは、どんどん困難になってきています。だからこそ、人は生涯教育で常に学びながら未来の自分を自分の手で作り出していかなければなりません。もはや年齢による輪切りの教育では、まったく社会の要請にこたえることができず、働く社会人が自ら学んでいかなければ自分自身も家族も組織も未来を創れなくなりつつあります。多くの社会人があらためて大学院で学び、よりたくましい未来を自分の手でつかんで、一段と活躍されますことを祈ってやみません。

第2章　社会人大学院は「三方よし」で発展する

山越誠司（やまこし　せいじ）

1968年札幌生まれ。1991年東洋大学法学部卒業、1993年東洋大学大学院法学研究科博士前期課程修了。その後、損害保険会社や外資系保険仲介会社、外資系損害保険会社、金融サービス会社など5社に勤務。現在は金融サービス会社の管理部門に所属。2020年日本保険学会賞（著書の部）受賞。2023年神戸大学大学院法学研究科博士課程後期課程修了、博士（法学）。主な著書に『先端的D&O保険の実効性と限界』（保険毎日新聞社、2023年）、『先端的賠償責任保険』（保険毎日新聞社、2022年）、『学び直しで「リモート博士」』（アメージング出版、2023年）など。

社会人大学院のポテンシャル

「三方よし」という言葉は、近江商人の「売り手よし、買い手よし、世間よし」のことです。この発想を生かして、「社会人よし、会社よし、大学院よし」の三方よしを考えてみます。

２０００～０８年まで社会人大学院生が増加しましたが、それ以降横ばいが続いています。その原因は世界金融危機のため社会人側に経済的余力がなくなった、会社からの派遣制度が中止された、大学側が専門職大学院に依存しすぎたなどが考えられます。

すなわち、一時期の社会人大学院生の増加はバブルだったということです。これからが本当の実力が試される社会人、会社、大学院なわけですが、それぞれの視点で社会人大学院のあり方を検討するにはよいタイミングだと思います。

ＯＥＣＤの２０１１年のデータ等にもとづくと、日本の大学の25歳以上の入学者が占める割合はわずか２％しかおらず、世界の先進国でこれほど低い割合の国はないといいます。

その他の国の25歳以上の割合はスウェーデン、フィンランド、ノルウェー、スイス、オーストラリア、そしてアメリカは約25％、イギリスは約20％、ドイツは約15％なので、日本が突出して低い割合であることがわかります。すなわち、日本の大学で学んでいる学生がいかに同質で、年齢構成に多様性がないかということです。

そしてこのような日本の事情を踏まえて、吉見俊哉『「文系学部廃止」の衝撃』(集英社新書 2016年)では、人生で大学に3回入ることを提唱します。1回目は、今まで通り高校卒業後の18歳くらい、2回目が30歳前半、3回目が60歳前後とのことです。

このような提言をもとに考えると、私たちはリカレント教育のために人生で何回か大学院を活用する機会があるということになります。日々の実務から少し離れて学術の世界に触れることは、仕事に限らず人生全体を豊かにすることに役立ちます。

一方、会社としても従業員のリカレント教育に大学院を活用する価値はあります。かつて企業派遣制度というものが注目された時期もありましたが、必ずしも期待した成果を出せていません。派遣した人材が費用を返還してまで転職するケースもありました。よって、金銭的なサポートではなく、大学院に通いやすい職場環境を整備することに重きを置き、各自の自発性を尊重することが期待されます。もし経済的支援があるとするなら融資制度ぐらいに留めておくことがよいのではないでしょうか。

大学院としても、一般学生に加えて社会人学生を取り込むことで多様性が生まれ大学院が活性化します。18歳から20代前半の学生のみを対象にするより、あらゆる世代の人生の伴走者として大学院が価値提供できるのであれば、斜陽産業であるとはいわせないような活気が大学業界に戻ってくることでしょう。

経験を抽象化する能力を鍛える

まず社会人ですが、転職が当たり前の時代になり、組織が変わっても活躍できるために自分の経験を抽象化し、理論的に知識として組織や同僚に継承していく能力が必要になります。その点、大学院を活用することをお勧めしたいと思います。大学院で提供される教育や技能はかなり普遍性がありどこでも使えるものです。

そして、社会人の「学び」として大学院があるといいながら、実は大学院は学ぶところではなく、正確には「研究」するところになります。世の中における課題を自分でみつけて問題提起し、それに対する解決策を提言します。そこで解決しきれない課題は残された課題ということで次の研究テーマになります。

このサイクルを回しながら、常に自律的に研究を継続していくところが大学院であり、そのような習慣を身につけた人は、会社においても同じような発想と行動で仕事に取り組むことになります。よって、上司や先輩から指示を待つということなく、自分で組織内あるいは自分が対象とする市場における課題をみつけ、その解決策を提示するという行動パターンになるでしょう。そのような自律した態度を身につけるには大学院というところは最適な教育機関といえます。

前述したように、今の時代は一つの会社でしか通用しない技術だけでは不十分な時代です。自分の経験を汎用性のあるものとし、他者にも伝達できるために抽象化できる能力が必要になります。そうすることで単なる個人の経験が組織のノウハウとして継承されます。

さらに、個人が転職によって組織が変わっても汎用性のある能力のおかげで比較的早く新しい組織で活躍ができるようになります。１９８０年代までは同一会社内でタテの移動しか考えられなかったものが、１９９０年代後半から会社間の横の移動も生じるようになりました。今となっては半数以上の社会人が転職経験者となっているわけで、組織が異なっても活用できる技術が必要になります。

また、拙著『学び直しで「リモート博士」』（アメージング出版　２０２３年）でも強調しましたが、大学院では実務ではなく理論を学んだ方が良いということを提案したいと思います。時間はかかりますが、即効性を狙わない方が失望も少なくて済みます。

少なくとも大学院で学んだことを会社が評価してくれるという期待は持つべきではあり

ません。会社というところは結果を出さなければ評価されないわけで、余計な期待は失望に変わります。

一方で、岩崎久志「社会人大学院での学び直しに関する一考察」（流通科学大学論集 - 人間・社会・自然編32巻2号　２０２０年）によると、大学院修了者がその後、専門性の高い職業に移動でき、年収が上がるということが統計的に有意であることが指摘されています。よって、自信を持って大学院を活用すべきなのです。

とにかく関連する情報を集めて、少しでも心理的なハードルを下げます。大学院入試も面接や研究計画書が重要になるので、一般の大学入試と異なります。必要なら社会人大学院入試の専門家の意見も聞く、あるいは指導を受けるのもよいでしょう。

そして、ある程度自分が専門とすべき分野が絞れてくれれば、直接連絡するなどして教授や社会人学生の話を聞いてみるのもよいでしょう。そこで直感的にうまくやっていけると感じることができるなら、迷うことなく出願してみる。これからの時代、風のように軽やかに挑戦してしまうのが良いのかもしれません。

会社は人材輩出機能を強化する

次に会社ですが、これからの人材育成は大きく変わると思います。優良企業ほど優秀な人材を輩出する「出入り自由」のような環境を形成するのではないでしょうか。自社だけで通用する人材ではなく、外でも活躍できる人材を育成するということです。有能な人材がいつかは自社を巣立っていくかもしれませんが、そこで引き留めることはしません。なぜなら、自分を成長させてくれる会社であると思われれば、自然と良い人材も集まってくるので中途採用も容易だからです。

私の中で参考になるのは株式会社リクルートです。リクルートという会社が凄いと思うのは、自信に満ち溢れているところです。開示されている情報や雑誌の記事などを拝見すると、リクルートは会社自体を出入り自由で組織の垣根を越えて協働・協創を生み出す場に進化させていくため『CO-EN』という概念を創造しています。Co-Encounter が語源で、「公園」という意味もあるようですが、人が集まる「場」の意味があるそうです。何となくリクルート出身の方が外の世界で活躍されていることもうなずけます。そして、リクルートの創業期のメンバー・大沢武志さんは次の言葉を残しています。

「人は自律的に行動し、自分らしく生きたい（≒内発的動機）と思う生き物である。内発的動機に基づいて行動する時が最もパフォーマンスが高い。」

たしかに、会社の指示ではなく、本人の内側からあふれる情熱を駆動力に労働生産性を上げることは重要なことだと思います。

また、これからの会社は人材輩出企業となり社会貢献するという発想も必要ではないでしょうか。昨今、よく人的資本経営がもてはやされるようになりましたが、「A社出身の人は優秀だよね」という評判が世間に広まれば、離れていく人材を補充するのは難しくありません。優秀な人材を輩出する学校の評判は社会でも評価されるのと同じように、優秀な人材を世に輩出できる会社が社会から評価されるということです。会社がそのような「場」を形成できるのかどうかが重要な時代になったということでしょう。

そして、会社に魅力がなくなったから人材が離れていくとも限りません。人は成長の過程で次のステージが必要な場合、離職していくこともやむを得ないからです。そのような意味で離職率が高い会社が悪い会社であるともいえない時代になりました。企業がどれだけ自立して活躍できる人材を輩出し、社会に貢献しているかの方が重要で、人々もその点を気にするようになっています。「自分はこの会社で成長する機会が得られるのか」という問いです。

これだけ複雑化し、専門特化してきたビジネスにおいて、自社だけで提供する人材育成プログラムでは不十分なのは明らかです。企業の宿命として短期的に効果を出せるプログラムしか提供できないからです。この点、長期的な効用も期待して大学院の機能も借りる必要があります。自社の人材が社外で成長する機会を持つことで、異質な人との交流や異なる環境の中で複眼的な視点を身につけ業務に活かすこともできるようになります。外部の人脈も広がれば、それを活用して目の前の課題に対し自分が提供できる解決策の選択肢も増やせます。

ただ、このようなことは頭で理解できても、日本の企業文化は旧態依然としています。向後千春「社会人の学び直し - オンライン教育の実態と課題」（日本労働研究雑誌62巻8号２０２０年）では、大学院における社会人の数は２００８年まで増加したけれども、それ以降、あまり増えていないことについて、生涯教育を積極的に支援していこうという企業風土がまだ弱いという指摘をしています。

社会人が大学院を活用できていない最大の障害は、この点なのかもしれません。この障害を取り除くことで社会人学生の総数は増えてくると思われます。ある意味で企業側の対応が鍵を握っているともいえます。

大学院は社会人の伴走者をめざす

今後、大学院は戦略的に社会人を取り込んでいく必要がありそうです。18歳人口が減少していく状況で、従来の大学の運営方法では間違いなく衰退していきます。大学というのは斜陽産業であるのは間違いないわけですが、そのような状況でも社会人大学院を活性化することで、大学全体が活気を取り戻していく可能性はあります。

ただし、ヨーロッパの大学制度を参考にしてつくられた日本の高等教育に、アメリカ型のプロフェッショナル・スクールの制度を乗せたことに問題もあったようようです。その辺の詳しい事情は、天野郁夫『国立大学・法人化の行方』（東信堂　２００８年）で述べられていますが、特に深い検証もなされることなく、２００３年学校教育基本法が改正され専門職大学院が発足しています。その結果、大学院が研究大学院と専門職大学院の二本立ての制度となったわけです。

ここに研究重視の国立大学に代わり実務家養成を謳った私立大学が参入しますが、学費も高額なため社会人が自費で通うには難しく、企業側の需要もそれほどない状況が続きます。大学側もコストに見合うだけの入学者が期待できないということで、早々に撤退する専門職大学院もでてきました。旗が振られていたので考えもせず、そちらをめざして進んだものの、どの方面からも十分な需要がなかったということです。あらゆる関係者はこのことを失敗として受け止める必要があると思います。どこかで総括しないと高等教育における損失はどんどん膨らんでいくのではないでしょうか。

よって、従来からある伝統的な大学院をそのまま活かすほうが効率的だということを指摘しておきたいと思います。要するに従来型の研究大学院に社会人学生の枠を設けてどんどん受け入れるということです。そして、若い学生と一緒に教育し意図的に多様性を創出するのが良いと思います。

一般学生と社会人学生が同じ環境で研究することは双方に学びがあります。そこから新しい方法論や研究方法も生まれてくるはずです。現場から遠い行政機関の作成した枠組みに依拠するのではなく、現場から自然発生的に生じる教育方法によるべきということです。ただし、社会人が入学する前に論文執筆の技法だけは特別講義等で受講しておくのが良いでしょう。そうしないと大学教員の指導の負担が増加してしまいます。

以上の点のヒントとして、後藤敦子「第二次大戦後アメリカの大学における成人学生の受容過程」（社会教育学研究50巻1号　２０１４年）にウィスコンシン大学の興味深い事例が出ていました。当該大学の学長によると、3万人の退役軍人学生を受け入れたことで、彼らの成熟ぶりによって大学での学問的水準が向上し、学生と教員の関係も改善されたということです。自立した成人が戦後における大学の成長の鍵となり、社会人学生と一般学生を区別せずに支援することで教育の質を高い水準で維持できたそうです。

大学教員側も社会人向けに教育方法を変える必要はありません。社会人に合わせようと無理をするから歪みが生じるわけです。社会人学生からは、実務家教員の過去の武勇伝や単なる社会批判のような評論を聞いても仕方がないという意見も聞かれます。実務家教員には耳の痛い話でしょうが、大学としても参考になる声だと思います。

「三方よし」の先にある「世間よし」

アメリカのプロフェッショナル・スクール、すなわち専門職大学院は、大学の学部教育が教養教育に当てられるリベラル・アーツ型教育の後に存在しています。しかし、日本の場合、大学の学部の段階から専門教育が行われており、その点でアメリカとは異なります。

よって、大学はアメリカの制度に合わせようと無理をしないことです。社会人学生もそのような歪みを見極める能力が必要です。自分の仕事や人生に合った大学院や指導教授を見定める力です。企業側も企業派遣で人材育成をして、人材を囲い込もうなどとする必要はありません。世の中の変化を理解している人材は自ら能力を磨きに行くことでしょう。

そして、社会人、会社、大学院の「三方よし」が実現できた先に「世間よし」が待っています。すべての当事者が自らを向上させよう、進化させようと努力していれば、社会に活気が戻ってきます。

結局、大学院で学ぶ社会人にとっても、人材を送り出す会社にとっても、リカレント教育を提供しようとする大学院にとっても、実は特別なことをする必要はないということが本章のまとめになります。ある制度をそのまま活用するということです。無理にコストをかける必要はありません。とにかく今ある資源を有効活用し、当事者それぞれの強みを活かしてイノベーションを起こします。誰かに導かれる必要はありません。自分の強みは自分が一番知っているはずで、次にどのような行動を起こすべきか当事者が最も理解しているはずです。小さな失敗を積み重ねながら大きな成功に向けて行動していきましょう。

第3章　地方国立大学の大学院で学ぶ意味と課題

松井良和（まつい　よしかず）

1984年福岡生まれ。長崎県青雲高校卒業。中央大学法学部法律学科卒業後、中央大学大学院民事法専攻博士前期課程、博士後期課程修了。博士（法学）。専門は社会法学（労働法、社会保障法）。2020年より茨城大学人文社会科学部講師。茨城大学において、「笑い」と「学び」をミックスした、従来の枠に捉われない教育、研究方法を実践。その一環として、お笑い芸人と一緒に、新しい学びのあり方を日々、模索している。現在、取り組んでいる研究として、労働者も生活者であるという、これまでの労働法学に欠けていた視点から、労働法の再構築を図ろうとしている。妻、長男、長女の4人暮らしで、自称「日本で一番家事と育児を頑張る労働法学者」。

地方国立大学教員の悩み

私は現在、茨城大学の人文社会科学研究科で大学院の授業を担当しています。今年度からは、留学生として日本にやってきた大学院生の指導も担当することになっています。この1、2年の間、大学院で授業をしてみて感じたのは、「大学院での教育は果たしてこのままでいいのか？」という疑問です。

おそらく、他の地方の国立大学でも同じ現象は起こっていると思うのですが、茨城大学の状況を簡単に説明すると、外国からの留学生は、日本で勉強して修士号を得て日本での就職を希望している人が多いように思います。他方、日本人の学生は、研究者を目指すというより、「もう少し勉強してみたいことがある」学生や、「公務員試験や資格試験を目指す」学生が多くいます。

茨城大学の人文社会科学研究科の場合、修士過程までで博士課程がないこともあり、必然的に、研究者になるというより就職を見据えて大学院で勉強している学生が多いと感じます。研究者になることを視野に入れた研究ではなく、「ちょっと興味がある」「少し調べてみたい」という好奇心から大学院で学ぶことは決して悪いことではありません。むしろ、知りたいと思ったことを研究するというのは、研究の本質といえるのではないでしょうか。

だからこそなのかもしれません。「修士課程までしかない地方国立大学の大学院で学ぶ意味とは何だろうか」という疑問が浮かんできたのです。

私自身は労働法を大学院で学び、法学研究のイロハを教わりました。「自分が大学院で学んだことを学生に還元していきたい！」と意気込んではいるのですが、肝心の学生サイドがそれを望んでいるのか疑問に感じています。

多くの学生が研究者ではなく就職や公務員試験合格を目指すのであれば、将来、役に立つかどうか分からない法学の技法について長い時間をかけて学ぶよりは、今、目の前で起こっている社会的課題について一緒に考えていくというような学びの方が良いのではないかと日々、感じているのです。

「大学院で何を学ぶか」が質的問題だとしたら、地方の国立大学には「量的な問題」もあります。それは、大学院生の入学者数、大学院の定員充足率といった数字の問題です。

文部科学省が公表している「大学院の入学定員の充足率」を見ると、社会科学系の定員充足率はおよそ6割ほどです。全国にある他の国立大学の場合にも、大学院の充足率はこれぐらいではないかと勝手に想像しています。

そして、入学する学生も多くは中国からの留学生で、諸事情（生活費等の面）で東京の大学の大学院ではなく地方の国立大学を選んだのではないかと思います。

コロナも一段落して、今後留学生の数も増えてくるとは思うのですが、それでも、充足率が１００％近くにまで大きく改善するというのはなかなか難しいのではないでしょうか。

社会人院生を阻むカベ

このように、地方国立大学の大学院で学ぶことを真面目に考えてみると、質と量の２つの面で課題があると感じています。この２つの問題を解決するため、大学としても社会人院生の学び直しに期待を寄せ、リカレント教育が重要な課題になっています。

学生の数が増えるという量的な面はもちろん、質的な面でも大学は社会人院生の学び直しに期待しているように思います。社会人院生は、民間や公的部門など様々な職場で現実の問題に直面しており、今、社会で起こっている問題に一番詳しい人たちだといえます。

そのため社会人院生の人たちから現場で起こっている問題を教えてもらい、そこから理論的な面から一緒に解決方法を考えることは、大学教員にとっても大きなプラスになるはずです。地域の課題を教員と社会人院生が一緒に考えるという点に、地方国立大学の大学院で学ぶ大きな意味があるのではないかと私は考えています。

実際、私が大学院で学び始めた頃は、社会人院生と研究者を目指す学生が一緒に学び、先生たちと共に議論していました。私を含む、大学から大学院に進学した学生の多くは現場で起こっている生身の問題に触れたことが少なかったので、社会人院生から聞く話はとても新鮮だったと記憶しています。

そして、社会人院生の方たちと一緒に「あーでもない、こーでもない」と議論することはとても楽しいものでした。大学院生時代のことはとても楽しい記憶として、今でも残っています。

それがいつからか、社会人院生の数はめっきり減ってしまい、私の知る限り、大学院に残っているのは研究者を目指す学生と留学生がほとんどになってしまいました。

そうなってしまった原因の１つとして考えられるのが、社会人院生が博士号を取得するのがかなり大変だということです。自分自身が博士論文を書いた経験からしますと、法学分野で博士論文を執筆するというのは他の分野と比べてもハードルが高いと感じます。私自身これまで研究してきたことや自分が持てる力をすべて注ぎ込んで、さらに、指導教授だけではなく色々な先生に多くの指導を受け、ようやく完成させることができました。

法学分野の場合には、過去に博士号を取得することが少なかったという特殊な事情があり、博士論文に求められる水準が高くなっています。特に比較法研究を求められることも社会人院生にとっては大きな壁になっているように思われます。

博士論文を執筆するハードルの高さに比べ、博士号を取得するメリットがあまり大きくないというのも社会人院生が減少した原因ではないかと想像しています。人生１００年時代にあって、社会人の学び直し、リカレント教育が重要だといわれていますが、博士号を取得した後のキャリアプラン、ロールモデルが明確ではないように思います。

地方国立大学が置かれている事情

これらの事情に加えて、地方国立大学には特有の問題があるように思います。地方国立大学でも、大学全体としては社会人のリカレント教育に力を入れようとしています。むしろ、社会人にたくさん来てほしいと考えており、入学は大いに歓迎されています。

実際のところ、社会人にもっと大学院に入学してもらいたいということで、茨城大学でも卒業生や聴講生として授業を履修した人たちに大学院への進学を呼びかけているようです。

しかし一部の分野を除き、思うように社会人院生の数が増えていないのが現状です。

こうした現状がある中、社会人院生を地方国立大学の大学院で受け入れる際に課題だと考えられる点がいくつかあります。まず、大きな課題だと思われるのが研究環境です。博士論文はもちろん、修士論文を書く際にも大量の資料が必要になります。しかし、大学の図書館には必要な資料がない場合が多くあります。

このことは結局、独立行政法人化された後、経費削減が押し進められていった結果だと思われるのですが、欲しい資料がなかなか手に入らないというのはかなり深刻な問題です。他分野の場合、今はネット上から論文をダウンロードすることが可能で、図書館に現物の資料が保存されていなくても問題ないかもしれません。

ところが、法学分野ではネット上から論文をダウンロード可能な環境が整っておらず、重要な論文もほとんどが紙媒体のものになっています。そのため、必要な資料を手に入れようにも、大学の図書館では揃わないことがあります。

また研究を進める上では、指導教授からの指導だけではなく、研究会等に参加し他の研究者と交流を深めて最新の議論状況を耳に入れることも重要になります。しかし、研究会の多くは東京などの大都市圏で開催されることがほとんどであるため、地方にいる場合には研究会への参加もなかなか大変です。

ただ、コロナ禍を経て研究会でもオンライン開催もしくは対面とオンラインのハイブリッドでの形態が増えているので、地方で学ぶ社会人院生が研究会に参加しにくいという状況は現在改善されているといえるかもしれません。

この他、社会人を大学院に受け入れるにあたってその指導体制も課題にあると考えています。私が在籍している茨城大学の特徴なのかもしれませんが、若手の教員が多くいます。若手の先生たちは将来有望な方でたくさんの優れた業績を上げていますし、熱意のある方ばかりです。ただ、学生の本格的な指導が初めてという方も少なくありません。

特に社会人院生の場合、指導を担当する教員が学生よりもずっと若くなると考えられます。もちろん、学問をする上で年齢は関係ないとも言えなくもないのですが、若手の教員の場合にはそもそも大学院生を指導する経験がまだなく、歳上の院生を指導するにあたって躊躇や戸惑いが生じる可能性があります。

若手教員のみんながみんな歳上の社会人院生の指導にあたって戸惑いを感じるというわけではないと思いますが、自分が経験してきたことから、指導するとなると（大学教員のポストを得ることを念頭に）高いハードルを設定してしまうかもしれないし、反対に歳上の院生相手に思うように指導ができず、甘くなってしまうという心配もあります。

おそらく、指導の経験を積んでいけば、院生の事情に合わせた柔軟な指導をすることが可能になるでしょうが、経験が少ない若手教員にとってまだ指導のノウハウが蓄積されていない中、指導のさじ加減というのが分からず、社会人院生の指導を行うことがなかなか難しい部分があるかもしれません。

大学院活性化のための改善策

これまで、地方国立大学の大学院で社会人の人たちが学ぶにあたって、考えられる課題を思いつくまま挙げてきました。おそらく、他にも色々な課題があると思われるますが、大きな問題としては、①研究環境、②指導体制の2点があると私は考えます。今後、社会人の人たちに多く大学院に来てもらいたいと考えるならばこの2つの問題に取り組む必要があります。

研究環境という点ではまず、論文の作成にあたって必要な資料が手に入りにくいという問題があります。今後、国立大学に当てられる予算は減ることはあっても増えるということは考えにくいことから、論文作成に必要な資料を図書館に揃える環境を作るというのは難しいでしょう。また、インターネットで論文が手に入るようにするシステムを構築するのも法学分野ではまだまだ時間がかかりそうです。

そのため、指導を担当する教員の方で論文作成に必要な知識と資料を社会人院生にある程度提供していくことが必要だと考えます。その見返りというわけではありませんが、社会人院生からは現場の生の声やリアルタイムで起こっている問題について教えてもらうことが期待されます。

今後、社会人院生から現場の課題を聞く一方、教員から論文作成に必要な知識や資料を積極的に提供するという体制を作り、社会人院生の学びを教員がサポートしていくことが必要ではないでしょうか。教員と社会人院生が協力して双方向的な学びの仕組みを作っていくことは、お互いにとって大きなプラスになるはずです。

社会人院生にとって学びやすい環境作りという点では、オンラインでの指導を可能にすることも重要だと思われます。私は現在、学部生の卒業論文、大学院生の修士論文の添削、指導に当たっていますが、論文の指導に当たって、オンラインで困ることはほぼないと感じます。

論文で修正が必要な箇所はワードの機能を使って指摘することが可能ですし、もし口頭で伝える必要がある場合にも、オンラインで支障が出ることはあまり考えられません。もしかすると、修正箇所の重要度や緊急度という点でオンラインでは伝わりにくいことはあるかもしれませんが。

もし、オンラインで論文指導を受けることが可能になれば、全国各地にいる専門家の下で学ぶことが可能になり、大学院で学びたいと考える社会人院生にとっては大きなプラスになると思われます。

もう1つの課題である指導体制という点で若手教員が社会人院生に指導を行う場合の懸念について指摘しましたが、この点についても、教員と院生が双方向的な議論を行い、お互いが協力の下で学ぶ関係を構築できれば、ある程度、懸念を減らすことが可能だと思われます。

また今後、社会人院生の学び直し、リカレント教育の推進が大学全体の課題ということになれば、1人の教員だけに指導を委ねるだけではなく、研究科として社会人院生が学ぶためのサポートをする体制を作る必要があるといえます。

社会人院生の中には、学部時代とは別の分野を大学院で学びたいと考える人がいるかと思います。その場合、分野に特有の作法だとか論文の書き方だとかを指導する研究科共通の体制を作っておくことも必要です。

そのような体制を作っておけば、ベテランの教員から論文の書き方や作法について教わることができ、若手教員も安心して指導を行うことができるのではないでしょうか。

今後の展望

以上、私個人が思うまま、地方国立大学の大学院で社会人院生が学ぶ際の課題とその改善策について考えてみました。

私が大学院生として研究に励んでいた当時、社会人院生の人たちと年齢を超えて一緒に学んだときの楽しさを思い出しながらこの文章を書き進めてきました。おそらく、私を指導してきてくださった先生たちは社会人院生と研究者が一緒に学ぶ重要性を十分に理解されていたのだと思います。そうした学びの体制をもう一度復活させていく必要があると、今痛切に感じています。そのための方法を本稿をきっかけに考えていきたいと思っています。

今回は、現時点で思いつく課題と改善策を挙げたにとどまりますが、今後、社会人の方をもっと受け入れ、研究者との学びの体制を構築していくのであれば、いくつかのことが必要だと思っています。

その1つが、研究者もアカデミズムに偏らないこと、タコツボ化しないことです。私が教わった先生はどの方も理論と実践のバランス感覚に優れた方が多かったように感じます。しかし、最近、現在の学問の方向がアカデミズムに偏っているのではないかと危機感を抱くことがあります。社会人院生から現場の声を聞きながら、幅広い研究に取り組むことが大学の研究者に必要です。

また、社会人との学びの体制を構築したのであれば、それを一過性のもので終わらせず、卒業後も関係を続け、大学を中心としたネットワークを作っていくことが必要だと思います。大学を知の拠点として、地域の様々なステークホルダーをつなぐ場として機能させることが今後求められます。こうしたネットワークを構築していくことで、地域が抱える様々な課題の解決を図ることが可能になります。

そのためにも、大学院での学びをもっと間口の広いものにし、大学院での学びや得られた知識をもっと学外にも発信し、知見を社会で共有していくことが必要ではないでしょうか。「そんなの理想論だよ！」と言われかねませんが、今からでも取り組めることはたくさんあるはずです。

最後になりましたが、色々と課題はあるものの、地方の国立大学では社会人の方を受け入れたい、もっと来てほしいと考えているはずです。少しでも研究に興味がある、学問をしてみたいと思う方には、ぜひ大学院への入学を検討してもらいたいです。

宣伝になってしまいますが、私自身も多くの社会人の皆さんとの研究を楽しみにしていますので、本稿を読んで興味を持たれた方は、茨城大学への入学を検討候補に入れてほしいです。ぜひよろしくお願いします！

第4章　社会人大学院生をサポートする3つの方法

藤本研一（ふじもと　けんいち）

1988年兵庫生まれ。2010年早稲田大学教育学部卒業、2012年早稲田大学大学院教育学研究科修士課程修了。修士（教育学）。私立高校教諭として勤務後、2016年に札幌にて塾を開業。2023年に法人成りし、株式会社藤本高等教育研究所を設立。現在　同社取締役。運営する「1対1大学院合格塾」ではこれまで200人以上の受講生を希望する大学院合格に導いているほか、研修講師として企業・団体職員対象にビジネス文書研修やロジカルシンキング研修を日々実施している（北海道庁職員研修など120社・団体以上）。2023年からは北海道大学公共政策大学院に入学し、自身2度目となる大学院生活を送っている。

社会人が抱える3つのハードル

「大学院に進学したいけど、自分にできるのだろうか…？」

大学院に進学をしたい社会人の方は多くいらっしゃいます。熱意に燃えてインターネットで調べたり、資料を集めたりするのですが、そのなかで「現実」を知る方が多くいらっしゃいます。結果的に「現実」を知る中で「やっぱり行くのは無理かも…」と思ってしまう人も多いのです。

私は社会人の方を対象に大学院進学を1対1でサポートするオンライン塾『1対1大学院合格塾』を経営しています。その中で社会人の方が進学をする際に感じる「現実」の課題について受講生の方から多く伺います。

社会人が大学院進学をする際に感じる課題は次の3つにまとめられます。それが（1）金銭的要因、（2）時間的要因、（3）心理的要因です。

（3）の心理的要因は学生時代の勉強への苦手意識のほか、「私なんかが大学院に行って良いのだろうか…」という思いから形成されていることが多いようです。この心理的要因については1対1で講義やコーチングをするなかで克服できるのですが、問題は（1）金銭的要因と(2)の時間的要因です。この部分をどう克服できるかが大学院進学の課題となります。

そのため本章ではこの(1)(2)を克服するための諸制度を検討していきます。

社会人の大学院進学の「現実」

まずは社会人の方が大学院進学をする際に、(1)どれくらいのお金がかかるか、(2)どれくらいの時間が必要かをみていきましょう。

○金銭的課題

大学院進学をする場合、まず必要になるのは大学院に支払う金額です。ここでは少し古いデータですが、進研アド「大学院進学情報サイト大学院へ行こう!」の「学び続けられる環境づくり(お金編)」をもとにいくらぐらいの授業料がかかるかをみていきます。

一般的に大学院には入学金として20~30万円程度が必要となります。授業料は国公私立によって大きく異なります。国立大学の場合、おおむね授業料は年間53万円程度、公立大学の場合70~100万円程度が一般的となっています。

一方、私立大学の大学院は文系・理系や専門分野によって大きく異なります。文系の大学院では80～180万円、理系の場合は100～180万円程度。私立の専門職大学院（法科大学院を除く）は70～260万円程度となっています（専門職大学院はＭＢＡコースや教職大学院などです）。また私立の法科大学院（ロースクール）は90～200万円程度となっています。私立の通信制大学院は60～100万円程度のところが多くなっています。

国立大学の大学院にいく場合、入学金を30万円とすると2年間の学費（53万円×2年分）と合計して約136万円が必要となる計算です。

これ以外に、通学にかかる電車代のほか教材購入費などがかかってきます。ほかにも大学院の授業後の「飲み会」（意外とこれが多いこともあります）代なども算入すると、年間20万円程度余計にかかってくることになるかもしれません。先ほどの136万円に追加するとおよそ156万円となります。

ちょっとしたクルマが買える金額。この金額を前にすると少し進学を躊躇しますよね…。

さらにいいますと、大学院進学にあたって仕事を休職または退職する場合、これまで収入として得られていた金額が得られない計算になります。「機会損失」ともいえるこの金額、仮に年収500万円の人にとっては500万円がなくなるのと同じです。2年間収入がなくなることを想定するならば機会損失は1千万円。けっこうな金額です。

私は受講生の方に対し「なるべく仕事を辞めずに大学院に通いましょう！」とお伝えしています。それは機会損失が大きいだけでなく、税金や社会保障費の観点からのアドバイスとなっています。なぜなら税金や社会保障費は前年度の所得に関してかかってくるため、急に仕事を休職・退職した場合、収入がないのにもかかわらず前年同様の税金や社会保障費負担がかかってくるからです。これを知らないと入学してから相当困ってしまうことになります。

○時間的課題

一般的に大学院は修士課程2年間と博士後期課程3年間で構成されています。修士課程に2年通う場合、平日に7～8コマ、場合によっては10コマ以上の授業履修が必要となります（大学院において1コマは90分です）。大学院によっては平日夜間や土日を中心に授業が組まれているケースもありますが、平日昼間に授業がある場合、仕事との兼ね合いが問題となります。

社会人の大学院進学を支える制度

ここまで社会人が大学院に進学する際の金銭的負担・時間的負担の重さについてみてきま

した。「こんなに負担があると進学なんてできない…」と思う人もいらっしゃるかもしれません。

ですが日本には社会人の大学院進学をサポートする制度がいくつも存在します。ここではその制度を3点紹介いたします。

○教育訓練給付制度

教育訓練給付制度は雇用保険法に位置づけられる制度です。企業に雇用されている場合、一般的には会社側で雇用保険に加入することになります。教育訓練給付金は、労働者が厚生労働大臣の指定する教育訓練を修了した場合に自ら負担した授業料等の一部が支給されるという制度です。この教育訓練給付金制度には一般教育訓練、特定一般教育訓練給付、専門実践教育訓練の3種類があります。

実は大学院によってはこのうち一般教育訓練、専門実践教育訓練の対象校となっているケースがあります。

この制度を使うと、大学院の授業料の一部が履修後に還付されます。例えば一般教育訓練給付は受講費用の20%（上限10万円）、専門実践教育訓練は受講費用の50%（年間上限40

万円）が履修後に支給されます。おまけに専門実践教育訓練の場合、終了後に雇用保険の被保険者として雇用されていれば、追加で20％（年間上限16万円）が追加で支給されます。すべてを合計すると専門実践教育訓練は学費の最大70％が戻ってくる制度と考えることができます。こう考えると学費の実質的な負担も軽くなると言えるでしょう。

なお、一般教育訓練の場合、受講開始日現在で雇用保険の被保険者であった期間が3年以上（初めて申請する場合は1年以上）必要です。専門実践教育訓練の場合は被保険者であった期間が10年以上（初めて申請する場合は2年以上）必要となります。

これらの制度は、自分でハローワークに申請が必要となりますので忘れずに手続きを行うようにしてください（専門実践教育訓練の場合は授業開始の1ヶ月前までにハローワークでの手続きが必須となります）。

「自分が行きたい大学院が対象校か調べたい…」

そんなときは、厚生労働省の「教育訓練給付制度」のサイトから検索できますのでアクセスしてみてください（検索システム：https://www.kyufu.mhlw.go.jp/kensaku/）。

なお、教育訓練給付制度については10章も参照してみてください。

○日本学生支援機構奨学金制度

他に社会人が活用できる制度に日本学生支援機構の奨学金制度があります。これは毎月定額を借り受ける（貸与）ことで学費・生活費として活用できる制度です。

いま大学生の2人に1人が活用する制度となっているのが、この日本学生支援機構の奨学金制度。言ってしまえば「借金」なのですが、一般的な教育ローンよりも低利子（第一種奨学金の場合無利子）で借りることができます。

第一種奨学金・第二種奨学金でそれぞれ受給可能な家計所得の基準が定まっています。令和6年現在において第一種奨学金の受給対象となるのは世帯収入が年間299万円以下、第二種奨学金では536万円以下の者となっています。世帯収入なので配偶者の収入も含まれるのでそのあたり注意が必要でしょう。

修士課程において第一種奨学金は月5万円か8万8千円を選択することになります。第二種奨学金の場合は月5・8・10・13・15万円のいずれかを選ぶことになります。

なお、この日本学生支援機構奨学金ですが、大学生を対象とするものには返済が不要となる給付型奨学金が存在しています。ですが、大学院生を対象とする給付型奨学金は存在していません。そのあたり、給付対象が広まることを祈るばかりです。

ちなみに後述する長期履修制度を利用しつつ日本学生支援機構の奨学金制度を活用する場合、正規の学修期間のみ利用可能となります。修士課程2年間に長期履修制度活用で4年在学する場合、最初の2年しか受給対象となりませんので注意が必要です。

○長期履修制度

長期履修制度は通常の修業年限を超えて在学し学習を行う制度です。大学院の中には修士課程2年間の場合、3～4年への長期履修制度が導入されているケースが多くあります。

長期履修制度を行うメリットに学費負担の軽減があります。2002年の文部科学省・中央教育審議会の答申「大学等における社会人受入れの推進方策について」には次のように記載されています。

> 長期履修学生は修業年限を超えて在学することから，その授業料については，通常の修業年限在学する学生との均衡に配慮しつつ，学生の負担軽減を図る観点から，修業年限分の授業料総額を学生が在学を希望する年限で分割して納めることができるようにしたり，単位制授業料制度を導入するなど，設置者の判断により適切な方法で徴収することが求められる。

たとえば、前述の通り国立大学の場合、1年目は入学金を合わせて年間約84万円前後の学費が発生します。修士課程2年間では168万円となります。通常、修士課程に2年間在籍する場合 前後期あわせて計4回にわけて支払うこととなります。

一方、長期履修制度を活用する場合は同額を3～4年で分割する形となります。1回あたりの支払い金額が低下するため学費負担の軽減が可能となるのです。

長期履修制度の他のメリットとして学習時間の創出をあげることもできます。通常通り2年で学習をする場合に比べ1年間で修得すべき単位数を減少させることができるので通学負担が軽くなります。この場合、1週間あたりの時間負担を減らすことができるため仕事をしながら通学するのも容易になるのではないでしょうか。

しかしながら、長期履修制度のデメリットは前述のとおり教育訓練給付制度が使えなくなる点です。教育訓練給付制度は正規の年限での学修のみが対象となるからです。

大学院によってはこの長期履修制度は逆に、本来2年間の修士課程を1年間に短縮して履修できる制度が存在するケースもあります。こちらの制度については第6章を参照してみてください。

制度への展望

本章では社会人が大学院に進学する場合の阻害要因について、（1）金銭的要因と（2）時間的要因についてみてきました。この2つを克服する手法として教育訓練給付制度、日本学生支援機構奨学金制度、長期履修制度の3つを紹介してきました。

教育訓練給付制度や日本学生支援機構などは国および独立行政法人の制度となっています。一方、長期履修制度は各大学院が行う制度です。他にも、企業や役所によっては会社負担で大学院進学をサポートする制度やキャリアアップ目的の休職を支援する制度が行われているケースもあります。これらの制度をフル活用することで進学に関する課題を乗り越えることも可能になるのではないでしょうか。

ただ、ここで検討すべきはこれらの制度の枠外に置かれた人たちの存在です。言ってしまえば経営者／個人事業主や専業主婦／主夫の人たちです。

経営者／個人事業主は厚生労働省の規定では「労働者」ではありません。雇用保険料の納付もしていないので教育訓練給付制度の支給対象から外れてしまうのです。ですが、経営者／個人事業主になる前に勤務先で雇用保険料を納付されていた場合、教育訓練給付制度の対象とすることに十分な理由が存在するのではないでしょうか。かくいう私も私立高校教員を4年勤めて退職した際、教育訓練給付金制度を使って大学院進学を検討しましたが、「個人事業主として開業しているので給付対象ではありません」と断られた経験を持っています（当たり前ですが前職では雇用保険料が納付されています）。当時は開業したものの仕事がみつからない状態であったため、この制度を使えないのは相当ショックでした。

ずっと専業主婦／主夫をしていた場合もこの問題が存在します。専業主婦／主夫は雇用保険料の納付がなされていないため教育訓練給付制度は使用できません。他にも専業主婦／主夫として家事労働をしていても、それが社会人経験と認められないケースがあります。そのため無職という扱いとなり長期履修制度が活用できないケースもあります。

社会人が大学院進学を目指すのをサポートできるような制度設計にするため、経営者／個人事業主や専業主婦／主夫も活用しやすい制度設計が求められているといえるのではないでしょうか。

第5章　キャリアアップとチェンジとしての社会人大学院

森内泰（もりうち　やすし）

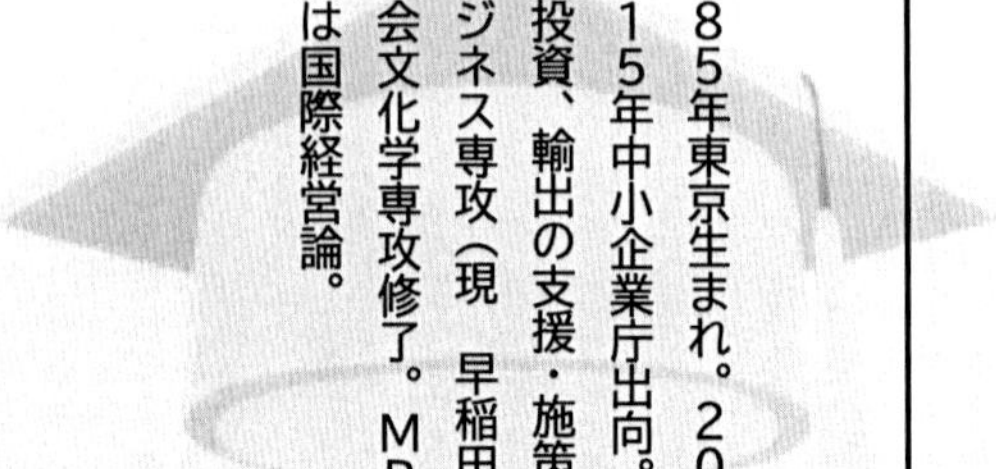

1985年東京生まれ。2008年学習院大学法学部卒業後、日本貿易振興機構（ジェトロ）入構。2015年中小企業庁出向。2016年両備ホールディングス株式会社入社。一貫して企業の海外直接投資、輸出の支援・施策検討、実務を行う。仕事の傍ら、2015年早稲田大学大学院商学研究科ビジネス専攻（現　早稲田ビジネススクール）修了、2022年岡山大学大学院社会文化科学研究科社会文化学専攻修了。MBA、博士（経営学）。2022年より長崎県立大学経営学部専任講師。専門は国際経営論。

大学院での学びの可能性

個人がキャリアを考える中で、転職がますます一般的になっている現代、大学院が自身のキャリアアップの手段として注目されつつあります。文部科学省 科学技術・学術政策研究所「科学技術指標2023」によれば、大学院生の数は横ばいの中、社会人大学院生の在籍者割合は2000年度比で2倍の23・4％に増加しています。学生数が増える社会人大学院では、具体的にどのようなことを学んでいるのでしょうか。筆者の夜間のビジネススクール（専門職修士課程）や博士課程の経験をもとに、会社員が社会学系大学院での学びを通した、キャリアアップやキャリアチェンジの可能性について考えます。

ビジネススクールでの学び

筆者は大学卒業後、政府系の貿易・投資促進機関に就職し企業の海外展開支援を行っていました。法学部を卒業したため、企業経営を理解しないまま企業支援をすることに疑問を感じ、体系的に学ぶ方法を模索する中で仕事を続けながら夜間に開校するビジネススクールへの進学を決めました。多くのビジネススクールでは社会人経験が求められており、大学卒業後5年目に受験し、6年目から平日の業務終了後と土曜日に大学院へ通う日々がスタートしました。

大学院の授業では、事前に予習をして自らの考えを持ったうえでディスカッションをする形式の授業、統計や財務会計などより個別にその分野を理解する授業、教員の専門分野に基づいて修士論文を作成するためのゼミが設定されています。予習の中で自ら理解し、授業中には教員から理論や実務での王道・あり方を学び、同級生から事例や異なる視点を聞き、そして復習で理解を深める。どの授業でもこのサイクルを回すために授業以外に相当の準備が必要な上、プレゼンやゼミでの発表を含めると、多くの時間を大学院に割く必要があります。私の通ったビジネススクールでは修士論文の作成が必須であったため、修士2年生では特定の経営事象を理論的に分析し、考察を考える研究に多くの時間を割きました。初めて書く論文は論理的に文章を書く学びにもなりましたし、その内容を学内発表する事自体も大きな経験になりました。

ビジネススクールでの学びは、新分野に触れることや論理的に物事を見る力を養う事もありますが、それ以上に時間管理と自ら学ぶ方法にあると考えます。授業に遅刻しないよう仕事をいかに効率よく進めるかは、社会人大学院生にとって最も重要なタスクの一つです。残業をせずに済むようタスク管理を考え、時間になったら切り上げることが出来るよう日々工夫をすることで時間管理が相当容易になりました。ビジネススクールで学ぶ経営学は陳腐化しやすいものです。しかし、在学中に日々新しいことを予習し、学んでいたことから、業務で新分野にぶつかっても、学ぶ方法を理解しているのでおおむね適応することが可能になります。社会人になってから問題意識をもって学ぶ姿勢そのものが、自身の次の学びに大きく影響しました。

ビジネススクールでの同級生からの学び

修士課程での大きな学びのもう一つに、「同級生からの学び」を外すことは出来ません。学部の同級生と異なり、年齢や経験がバラバラなのが社会人大学院の特徴です。筆者が入学したのは20代後半でしたが、同級生の中では年齢が若い方でした。30代が多くを占め、40代や50代の同級生もおり、業種や職種もバラエティーに富んでいます。これまでの業務経験の違い、職歴の違いから多くを学べるのが社会人大学院の大きなポイントです。

新卒で入社した企業に長く勤めていると、その企業内での当たり前や成功パターン、あり方についての引き出しは多くなりますが、新しい考え方や自社とは異なる成功パターンに触れ、理解する機会はなかなかありません。しかし、年齢層や業種・業界の異なる同級生と授業中に議論することで、それぞれの当たり前・成功パターン・あり方を自然と共有することができます。

修士論文の作成・プレゼンテーションでも、勤務先とは全く異なる視点から同級生が厳しい指摘や質問を投げかけてくれるため、日々彼ら、彼女らから刺激を受け大きな学びを得られました。

ビジネススクールと博士課程の学びの違い

ビジネススクールと博士課程は学びに大きな違いがあります。前者は知識と経験を獲得し実業界で活躍する人材を輩出することが目的ですので、座学やディスカッション、グループワークなど知識のインプットとアウトプットを通して、経営について学びます。後者は研究方法を体得し、新たな事象・理論を解き明かすことが目的です。多くの同級生とともに学ぶというよりも、自ら研究に取り組み、数本の論文を執筆した上で、博士論文を完成させ、学位取得を目指します。

博士課程では、ビジネススクールのように座学で経営に必要な要素を学びディスカッションやグループワークによって経営の疑似体験をするのではなく、自身の研究を進めていきます。ビジネススクールで学ぶ経営学理論の多くは最新の研究ではなく、分野によっては古典を含めた数十年前の研究結果を座学で学びます。博士課程でもこれらを重要な論文として扱いますが、それ以降の最新の研究成果を含めて研究の流れを理解し、「これまでに明らかにされていない事象」を見つけ出します。そして、その事象が起こる原因や関係性などwhyにあたる仮説を論理的に導き出し、分析を通して実証します。実証の結果、仮説が説明できないことが多々あり、研究を一から再スタートさせるなど、仮説検証の一連の流れを継続して行っていきます。

博士課程は研究者に必要な素養を学ぶので、実業とは縁遠いように感じられるかもしれません。しかし、社会人を続けながら博士課程に通った個人的な意見としては、仮説検証プロセスと研究成果の活用という2点で実務にも非常に役立つと考えます。

多くの仕事はルーチンワークだけでありません。利益拡大に資するモノやサービスの顧客への販売、従業員が活躍し会社に残ってくれるような人事施策、自社の将来事業の柱を獲得するためのM&Aや研究開発、どれをとっても何らかの課題解決策を検討することが必要です。課題解決のためには、その原因が何にあるかを見つけ、原因を取り除く方法や避ける方法を検討しなければなりません。その方法は他社が実践している（していた）ケース、研究で明らかになっている事象など答えらしきものやヒントが世の中にはたくさんあります。これらを見つけ出し、自社や自身、顧客の状況に照らし合わせて組み合わせ、改変し、参考にしながら適した解決策を作り上げて提案・実施します。初回でうまくいくケースもあれば、うまくいかず修正し、再度提案・実施していくものでしょう。課題解決の一連の流れは研究とほとんど変わりません。唯一の違いといえば、スタート時点で課題や解決するべき事象がある程度固まっているのが実務で、研究は課題や解決するべき事象も自ら発掘する点です。課題解決を勘ではなく科学的な手法で解決する力を博士課程では体得します。

さらに世の中には数えきれないほどの研究論文があり、企業の抱える課題を解決するヒントが数多あります。しかし、研究論文は初見では若干難しく感じるため、多くのビジネスパーソンはこれらを参照するまでには至っていないと考えています。博士課程では日本語だけでなく英語の研究論文も相当量読み込むため、他のビジネスパーソンとは異なる解決策を専門書や研究から見つけ出すことも可能です。

研究者は専門領域以外の汎用性が低いと見られがちですが、課題解決の手法を熟知しているので応用性があります。ビジネススクールの知識や論理力だけでなく、新たな課題を設定し解決する素養を身につけるのが博士課程といえるでしょう。

キャリアアップとキャリアチェンジ可能性

ここまで、ビジネススクールと博士課程の学びについて概観を記載してきました。最後にこれらの学びが、どのようにキャリアアップとキャリアチェンジに繋がりうるかを考えます。

私にとって「今の会社以外でもなんとかやっていけるのではないか」という、ある種の楽観的な気持ちになれる点が大きな変化となりました。ビジネススクール入学時は新卒から同じ会社に勤めていたので、その会社での正しい仕事の仕方や知識しか持ち合わせていませんでした。ところが、ビジネスで必要な基本的知識と使い方を幅広くビジネススクールで学び、他社に勤める同級生たちと議論する中で、異なる職場でも仕事をする土台は獲得できていると、ある程度の自信を得られました。その結果、会社の評価を過度に気にする必要がなくなり、自分らしく自分の意見を発言することに何のためらいもなくなりました。

さらに、同級生の大手企業からベンチャーへの転職、外資系への転職、起業など様々なキャリアチェンジの話を聞く中で、転職が特別なものではなく身近なこと、当たり前のことと感じるようになりました。勤めていた会社では、当時退職する同僚も決して多くなく、定年まで同じ組織に勤めるのだろうとぼんやりと考えていたので、この意識の変化は非常に大きなものでした。その結果、「転職するのもありだから話を聞いてみよう」と転職エージェントに登録し面接をする中で、入学時には全く考えていなかった転職がより身近なものになりました。

博士課程では研究に一人で取り組み、ビジネススクールとは全く異なる新しい事象を見出すワクワク感、専門家である研究者との議論の楽しさ、結果が出ない辛さに直面します。研究の一連の流れを楽しいと思えれば研究の道も選択肢になります。研究の一連の流れは課題解決につながることから、企業や組織の課題解決を行うことも、シンクタンクなどで専門的な視点から企業や組織の課題解決に関わることもできうるでしょう。

このように、博士課程での研究素養から、ビジネススクールとは異なったキャリアへチェンジする可能性が開けてきます。科学技術振興機構が運営する研究者向けの求人サイト「JREC-IN」には、大学教員の公募だけでなく研究機関の研究員や国際機関のポストの公募も定期的に掲載されていることからも、キャリアアップだけでなくキャリアチェンジを推し進めてくれるのが博士課程といえるでしょう。

健康寿命が長くなり退職する年齢がどんどん後ろ倒しになるだけでなく、産業も大きく変化する現在、20代前半までに学んだことや企業や組織での経験だけで永続して仕事が続けられるとは限りません。忙しい中で、何か変化を求める仲間とともに学ぶこと、特定分野の専門性を高め研究力を獲得することはいずれもこれからの時代を渡り歩いていくうえで必要なスキルといえるでしょう。少しでも多くの方が、社会人大学院で学び新たなステップに踏み出すことを願ってやみません。

第6章　キャリアと感性を豊かに磨く社会人短期大学院

浅田仁志（あさだ　ひとし）

1980年愛知生まれ。大学卒業後に欧州へ渡り楽器製作技術を習得。帰国後はエンジニアとして国内大手メーカー2社における勤務を経験し、楽器やプレミアムブランド製品の開発に携わる。企業における実務の傍ら名古屋工業大学大学院工学研究科工学専攻社会人イノベーションコースを修了後、情報科学芸術大学院大学博士後期課程に在籍。芸術と科学の融合における理念のもと、人の感性に響くものづくり思想と可視化技術の応用手法に注目した学際的研究を行う。

日本の独自性を認識する

日本型雇用と欧米型雇用については昨今多くの議論がなされていますが、いずれにしても新卒一括採用と終身雇用を前提とした日本の雇用形態は世界の中でも特殊性があることが見て取れます。現在この日本型雇用にみられる国際競争力の課題から、年功序列制を見直し成果主義の比重を高めるなどの議論が活発に行われています。

しかし、そもそも日本型雇用環境における一つの課題の根本として考えられるのは、濱口桂一郎『若者と労働』（中公新書ラクレ　２０１３年）で指摘されているような、新卒一括採用システムなどの労働の入口における選択肢の狭さと、それに付随するキャリア形成のあり方に対する状況だと考えられます。これは欧米型のジョブ型では経験とスキルのない若年層にとっては仕事のポストに応募するために就職のチャンスが少ないという課題がある一方で、日本型のメンバーシップ型では特段のスキルがなくても仕事を問わず新卒一括採用で企業に属して就職できるもののキャリアの入口が狭く、キャリア形成の選択肢も限られてしまうという課題認識です。

つまりこれからの日本の労働環境と社会にとって望ましいのは、やり直しの効く就職、やり直しの効くキャリア形成だとも考えられます。これは教育機関に在籍している最中から取り組むことが理想的であると考えられますが、今日において重要なのは世の中の仕組みとして社会人大学院などにおける学び直しが、キャリア構築の効果的な選択肢として機能することなのではないでしょうか。

今後は日本の労働市場も国際競争力などの様々な課題感から、ますますジョブ型としての中途採用が積極的になり、より労働市場も多様化していくことが予想されます。このことからも、就労の入口も含めて社会人大学院のような教育機関における学び直しの場を軸とした学習と労働が密接に関係を構築することで、就労者が自らのキャリアを描く機会を創出することがより一層重要になっていくと考えられます。

安定をチャンスと捉える

メンバーシップ型の日本型雇用が前提としている終身雇用の生み出す安定性がやる気を阻害し、競争力に対する諸刃の刃となっているのではないかという議論があります。しかしながら日本型雇用の最大の利点である安定的な環境は、見方を変えれば組織に所属する個人が新たな挑戦をするための絶好の土台になり得るとも捉えられます。

昨今では中途採用においてジョブ型雇用が多くの企業で取り入れられていることが見受けられますが、日本の現在の転職事情としてはジョブ型といっても正規雇用であれば入社後自動的にメンバーシップ型の待遇を確保できることが多いと思われます。これはジョブ型の雇用概念で労働市場の流動化を上げつつも、日本の雇用システムのいわば転換期ともいえるようなシステムにしか生み出せない安定感を、転職者にもたらす状況を生んでいるともいえます。これは日本の労働市場における転職というチャレンジに対して、結果的に高い雇用安定性を付与している状況になります。

一口にジョブ型といっても欧州と米国で雇用環境などに違いはあるものの、米国に住む友人と話していた際に「日系企業は報酬面で満足出来ずにやめて行く同僚も多いが、まず一方的にクビにされることはない。米国では20年と長くその企業のために働いていてもいきなりクビにされることがある。日系企業は安定を提供してくれるので自分や家族にとってはかけがえのない要素で感謝している」としみじみと語っていたことが印象に残っています。

これはすなわち、日本型雇用ともいえるメンバーシップ型組織に属したままチャレンジすることは、失うものが少ない環境にある実情を如実に示しているものだと思います。学び直しはステップアップのためであることはもちろんですが、日本型雇用ではその安定性に支えられることで、既存の枠にとらわれない自由な挑戦や取り組みを可能にしているともいえるのではないでしょうか。

「平均の物差し」から抜け出す

日本における組織と個人との関係性を考察し理解する上で一つ欠かせないと感じるのは、平均に関する日本人の考え方と感じ方です。トッド・ローズ『ハーバードの個性学入門 平均思考は捨てなさい』（早川書房 ハヤカワノンフィクション文庫 2019年）によると、18～19世紀の産業革命に始まる産業の組織化を経て必要性の高まった科学的管理手法としての平均の概念が、現代に至る工業的利用の中でいかに定着したかが述べられています。重要なのは、この平均をベースとした科学的管理手法は、特に個人より集団を重視する全体主義的思考を持つ日本において、欧米よりも徹底的に導入されたと指摘されている点です。さらに平均化は人の心を形成する特性や個性にまで及んでいることに触れられています。

この平均の概念は、今日の社会的要請である多様性のある組織開発や個人の個性を反映したキャリア構築に焦点を当てた場合は、ほとんど役に立たないことを実感として多くの人が持つと思います。一方で、考えてみれば自身も含めて多くの日本人は平均の持つ力に対して、一種の無難さや安心感を覚えてしまい、むしろ拠り所としてしまう側面もあることは否定できないと思います。特に日本型雇用であるメンバーシップ型の環境においては、平均にあらがうことはある意味で組織のレールから外れることのように感じる環境を作り出している側面もあるように思います。

このように誰もが知らず知らずのうちに「平均の物差し」に影響され、個人のみならず変革の必要性を訴える所属組織もこの平均の影響力の強さに気づかぬままの状況にあるかもしれません。このことから、現状の組織の枠から一歩踏み出し外部環境に身を置いてみると、意外と自組織において感じていた課題や悩みに対して従来の枠を超えるような多様な気づきを得られる可能性が出てくるかもしれません。

社会人短期大学院（1年制の修士課程）の経験談

私の場合も、所属組織の枠を飛び出して社会人大学院で学び直す必要性に気づくまで色々と模索している時期がありました。しかし、スタンフォード大学の講義をまとめたジェイムズ・L・アダムズ『よい製品とは何か ― スタンフォード大学伝説の「ものづくり」講義』（ダイヤモンド社　２０１３年）という書籍に出会い、組織の枠を超えた学び直しの必要性を強く悟ったことを覚えています。

それはこの書籍に、自組織での中では到底議論が及ばないような、今後の日本のものづくり企業の先行きを示すような示唆に富む内容の講義が展開され、高度な議論が教育機関において行われている様子が描き出されていることに大きな衝撃を受けたからでした。

このことで社会人が所属組織を飛び出し大学院という場で学び直している光景を鮮明に想像することができたことが、私にとって社会人大学院に興味を持つ直接的な動機となりました。そうこうしているうちに転職を果たしたことで、一度組織の枠にとらわれないような挑戦を通じた自身のキャリアの再構築をしてみたいという想いが膨らみ、社会人大学院に入学する決意を最終的に固めることとなりました。

このような中で出会ったのが、名古屋工業大学大学院の工学研究科工学専攻社会人イノベーションコースでした。その素晴らしいコース理念に惹かれ、エンジニアとしての観点からずっと学んでみたかったデザイン領域の研究テーマを指導教官となる先生に相談したところ、「おもしろい」と言って頂けたので思い切って受験してみることにしました。

名古屋工業大学大学院の社会人イノベーションコースは1年で学位取得可能な社会人短期課程で、修士（工学）が取得可能なうえ教育訓練給付金の対象（２０２０年度）であったことも一つの大きな決め手でした。

社会人イノベーションコースの受験にあたっては、「そもそも理系ではない私が工学研究科に入って大丈夫か?」という大きな不安がありましたが、入学してみると結果的にはそのような心配は全くの杞憂でした。もともと自身の興味を持つ領域に加えて、企業実務にかかわっている概念をそのまま持ち込めましたし、周りには経営課題から工学的課題まで多様な研究テーマを持つ企業人から経営者、個人事業主まで様々な属性の多様な仲間がいました。

また名古屋工業大学大学院の社会人イノベーションコースは、社会人学生に手厚いフォロー体制を敷いているのが印象的で、社会人が多忙な業務をこなしながら修学しやすい環境が整っていると感じました。またコースに所属する先生方の研究室は、デザインから経営といった社会学系から物理、工学系まで幅広い研究室が存在することで、自身にあった幅広いテーマを持ち込むことができ、様々な視点からアドバイスや議論のきっかけをもらえるのも大きな特徴だと思います。また、これだけ幅広い領域から集った先生方にも関わらず、教員間の連携や雰囲気も非常に良好でコース運営も円滑に行われており、社会人も現役学生との交流も活発に行える素晴らしい仕掛けと工夫が用意されていました。

さらに在学中のみならず卒業後も何かと参加できることが用意されており、それに乗じていまだに大学や研究室にお邪魔させて頂きながら継続的な学びと刺激を得られることができるのも、今となっては何にも代え難い魅力に感じる部分です。

1年制の修士課程である社会人短期就学のメリットを考えると、向こう1年なら業務計画やライフイベントも見通せるということが一番大きいのではないでしょうか。また在学中に実際の研究に集中できるのは実質半年程度のイメージなので、入学前に持ち込むテーマが明確で、1年で目処がつく研究計画が求められる大変さはありますが、短期集中型の自分にはとても合っていたとも感じています。

いずれにしても、ここで一番触れておきたいのは、本稿を執筆する上での思考の基礎となった多くは社会人イノベーションコースの講義や体験で直接触れた、もしくは間接的に影響を受けたものだということです。

誰のための学び直しか？

社会人からみて組織の枠にとらわれない学び直しから得られるものは、なによりも自身に関するヴィジョンがより鮮明になることや、自身の所属する組織の良し悪しがより冷静かつ客観的に捉えられることです。つまりこのような学び直しの場を提供する社会人大学院は、自身の実務経験で培った考えを体系的にまとめるだけでなく、会社組織に身を置く自身にとって成長につながる大きな気づきや、新たなキャリアへの考え方の発見を強く大きく後押ししてくれる可能性が期待できる場ではないかと思います。

一般的に企業に所属する社会人が大学院に行こうとした場合、大きく分けて会社のミッションとして企業派遣で行くか、個人的な自己研鑽として自身のリソースで行くかの2通りに分かれると思います。会社のミッションとして派遣の計画があり自身の持ち込むテーマが所属組織のアウトプットとして期待されているならばそれはまたとないチャンスです。しかし、自身が社会人大学院に持ち込みたいと考える自らのテーマが所属組織の型にはまらない場合において会社制度に頼ろうとすると、一定の組織的なアウトプットを求められ承認プロセスなどを経て様々な妥協を求められるのが常です。このようなプロセスを経る必要があるゆえに、個々人の特色を反映した持ち込みテーマを諦め、自らのキャリア展望を押し開く貴重な機会の喪失とならないためにも、一つの選択肢として教育訓練給付金などを活用し所属組織に頼らないチャレンジの試みが広がってもいいのではないかと思います。

特にここ数年の社会的環境の大きな変化を受けて個人と所属組織の関係性そのものが変わりつつある今、働き方や働きがいに関する意識も大きく変容しつつある職場も多いのではないかと思います。このような状況下にこそ自身の選択肢を増やすというチャンスを作ることは、昨今の社会において重要性を増しつつある多様性を持つ組織のあり方を模索し、またその形を示していく上でも重要な試みであると感じます。このようなチャレンジは、企業の視点から見ても多様な人材形成を可能にするとともに、個人の自己成長を後押しすることで組織への愛着が高まることが期待されます。また長期的にみても個人が成し得た自己成長の効果が組織に還元された場合、従来の組織的限界を超えることにつながる大きな可能性を持つといえるのではないでしょうか。

つまり組織の枠を超えた学び直しは、個人の自己成長のみならず組織の多様性を促進する効果を強く期待できるものと思われます。このような試みは、日本社会が取り入れようとしているジョブ型のメリットであるプロフェッショナルなキャリア構築に対する選択肢の拡充を図ることにもつながるのではないでしょうか。その有用性に、チャレンジしようとする個人のみならずジョブ型雇用の概念導入を進める企業ほど気づくべきだと思われます。

さらにこのような視点は、安定性というメンバーシップ型のかけがえのない良さを国際競争力の一つとして引き出す方策にもつながり、ひいては日本型企業の競争力を長期的に高めることにつながる可能性があると個人的には信じています。

なにより自身のキャリア形成を組織任せにしないことは自身の人生を切り開くとともに、次の世代に多様なキャリアやロールモデルを示すための重要な要素となります。このように、日本型雇用の良い面を活かした学び直しにおける機運の高まりが今後強く期待されます。

感性を高める探究心の重要性

最後に触れておきたいのは、多様性のある組織構築とキャリア構築を考える上で個々人の持つ探究心と感性の感度を高め磨いていく重要性です。この探究心や感性の感度を高めるということは、社会人大学院の中で求められるアカデミアの本質である意義や真理の探究との相性が非常に良く、社会人の学び直しにおいて重要な役割を果たすと感じています。実務の中では、組織的指示系統の中で、なぜ根本的にこの業務が必要なのか？　など、考える時間的余裕やその必要性が求められることはあまりないと思います。

しかし一度社会人大学院に身を投じれば、普段実務の中で当たり前と思っていることでも、純粋な問いとして「それはなぜなのか？」と聞かれた時に感じる不思議な新鮮さや、刺激される探究心を解放することが自然に起こります。また様々な考えやバックグラウンドをもつ社会人や一般学生などと交わる際には、会社組織には見られない多様性と柔軟な感性に触れられる機会を目の当たりにします。

こうした多様な感性に触れながら研究や講義などで触発される探究心を通じて自身の感性を磨くことが可能な環境が、社会人大学院には存在しています。すなわち個々人の豊かなキャリア形成の道筋や、自組織の中だけに留まっていたのでは見えない気づきを得られる場所が社会人大学院であり、社会人の学び直しにおける大きな意義となります。

第7章　可能性を広げた専門職大学院との出会い

岡部知行（おかべ　ともゆき）

１９８０年神奈川生まれ。２００３年香川大学工学部材料創造工学科卒業、２００５年横浜国立大学大学院工学府博士課程前期物理情報工学専攻修了後（修士(工学)）、精密機器メーカーに就職。現在はコーポレート部門において、製品のリスクマネジメント（法規制・規格調査など）に関する業務に従事。また業務の傍ら、２０１６年長岡技術科学大学専門職大学院技術経営研究科専門職学位課程システム安全専攻修了（システム安全修士（専門職））、２０２１年長岡技術科学大学大学院工学研究科博士後期課程情報・制御工学専攻修了（博士（工学））。本業と並行し、大学での非常勤講師を担うなど、産業界とアカデミアを往還している。

どうして学び直そうと思ったのか

社会人生活を始めてから6年目となる２０１０年、たまたまインターネットにて専門職大学院や技術経営という存在を知りました。小さい頃から何かを覚えることが好きであったことや、工業高校に入学してから勉強に目覚め大学院修士課程まで進学した経験を踏まえ、専門職大学院や技術経営について直感で面白そうだと感じました。

さらに調べていくうちに、リクルート社から発刊された『社会人&学生のための大学・大学院選び　２０１１年度版』（リクルート　２０１０年）の存在を知り、早速購入しました。それによると、多くの社会人がＭＢＡ（Master of Business Administration：経営学修士）コースやロースクールなどの社会人大学院で実務能力の向上や資格取得を目指し、勤務時間終了後に学んでいるとのことでした。社会人大学院での学び、うまく業務との兼ね合いが取れれば、自分でも実践できるかもしれないと思いましたが、２０１１年3月11日の東日本大震災の発生、人事異動による環境の変化などの影響により、その年に社会人大学院に入学することはありませんでした。

２０１３年に入ってから、当時所属していた事業部門（材料製品の開発・製造・販売）の品質マネジメントに関わる部署に人事異動となり、品質という観点で事業部門全体を俯瞰することとなりました。この時、さらに実務能力を向上させることの必要性を感じ、社会人大学院で学び直すことを決意いたしました。

前述したリクルート社が発刊している社会人大学院の書籍、インターネット、社内にて社会人大学院で学んでいる（学んでいた）人へのヒアリングをもとに大学院の選定を行いました。その結果、土日での講義開講、以前から関心のある技術経営が学べる、業務の関係で製品の安全性について学ぶ必要性が生じていたことを考慮して、技術経営・安全マネジメント・安全技術が学べる長岡技術科学大学専門職大学院 技術経営研究科 専門職学位課程 システム安全専攻（現・長岡技術科学大学大学院 工学研究科 修士課程 工学専攻システム安全工学分野）の受験を志しました。

入試は社会人選抜ということもあり、書類審査＋小論文＋面接という内容でした。受験対策としては、入試前に開催された長岡技術科学大学専門職大学院の専攻説明会（２０１３年７月）への参加、ならびに過去問題の解答、関連書籍の読み込みを自学自習にて行いました。２０１３年９月の入試を受験し、無事に合格することができました。入学までの間、専攻説明会と入試が一緒だった入学予定者と何度か入学後の学びに関する情報交換を行い、専門職大学院での学びに対するレディネスを高めておりました。

長岡技術科学大学専門職大学院への入学

まず、私が入学しました長岡技術科学大学について紹介させて頂きます。長岡技術科学大学は、筑波大学、図書館情報大学、鹿屋体育大学などの新構想大学の一つとして、1976年新潟県長岡市に設置された国立大学です（同年、愛知県豊橋市に設置された豊橋技術科学大学は兄弟校となります）。高等専門学校卒業生を学部3年次への編入学で受け入れ、学部2年間＋大学院修士課程2年間の計4年間の実践的な教育や研究に力点を置いた工学系単科大学になります。3年次編入学生の8割以上が高等専門学校出身者であること、4年次に約5カ月間のインターシップを実施していることなどに特徴があります。

次に、長岡技術科学大学専門職大学院の話をさせて頂きます。2014年4月5日、長岡市立劇場での専門職大学院入学式に参加いたしました。長岡市には前日入りしていたのですが、4月とは思えないほどに吹雪いており、入学早々に雪国の洗礼を浴びました（苦笑）。

全国各地から集まった年齢や業界が異なる14人の社会人学生と一緒に技術経営・安全マネジメント・安全技術を体系的に学ぶ日々が始まりました。

専門職大学院入学式修了後は長岡技術科学大学に移動し、専攻ガイダンスを受けました。専攻ガイダンス修了後、一学年上の先輩方から入学歓迎会を催して頂きました。その時の様子は今でもはっきりと覚えており、専門職大学院時代の思い出の1つとなっています。

長岡技術科学大学専門職大学院の教育環境

長岡技術科学大学専門職大学院の修了要件として、次図に示すシステム安全の体系に掲載されている講義科目のうち、必修科目：8単位、選択必修科目：24単位以上、選択必修科目＋選択科目：36単位以上、総計44単位以上の修得が求められています。私の場合、修了要件ジャストの44単位を修得しました。

所属事業部門で扱っている製品が材料ということもあり、材料と安全の関わりを中心に学びたいという目的意識に照らし材料安全に関する科目「構造安全性評価」の学習に力点を置きながら幅広く技術経営・安全マネジメント・安全技術を学びました。

講義は2単位の講義科目（合計15回）であれば、土日履修×2回（2週間）で終了する集中講義形式となっており、平日は業務を遂行している社会人の立場になった場合、業務に穴を空ける必要がないので大変ありがたい学習環境でした（ただ講義を取り過ぎてしまうと、状況によっては、半月以上休みがない場合も…）。また選択必修科目のうち、4科目がeラーニング＋対面という講義形式になっており、隙間時間を活用して学習ができる状況にありました。

講義の履修場所は、長岡技術科学大学キャンパス（新潟県長岡市）あるい

システム安全の体系

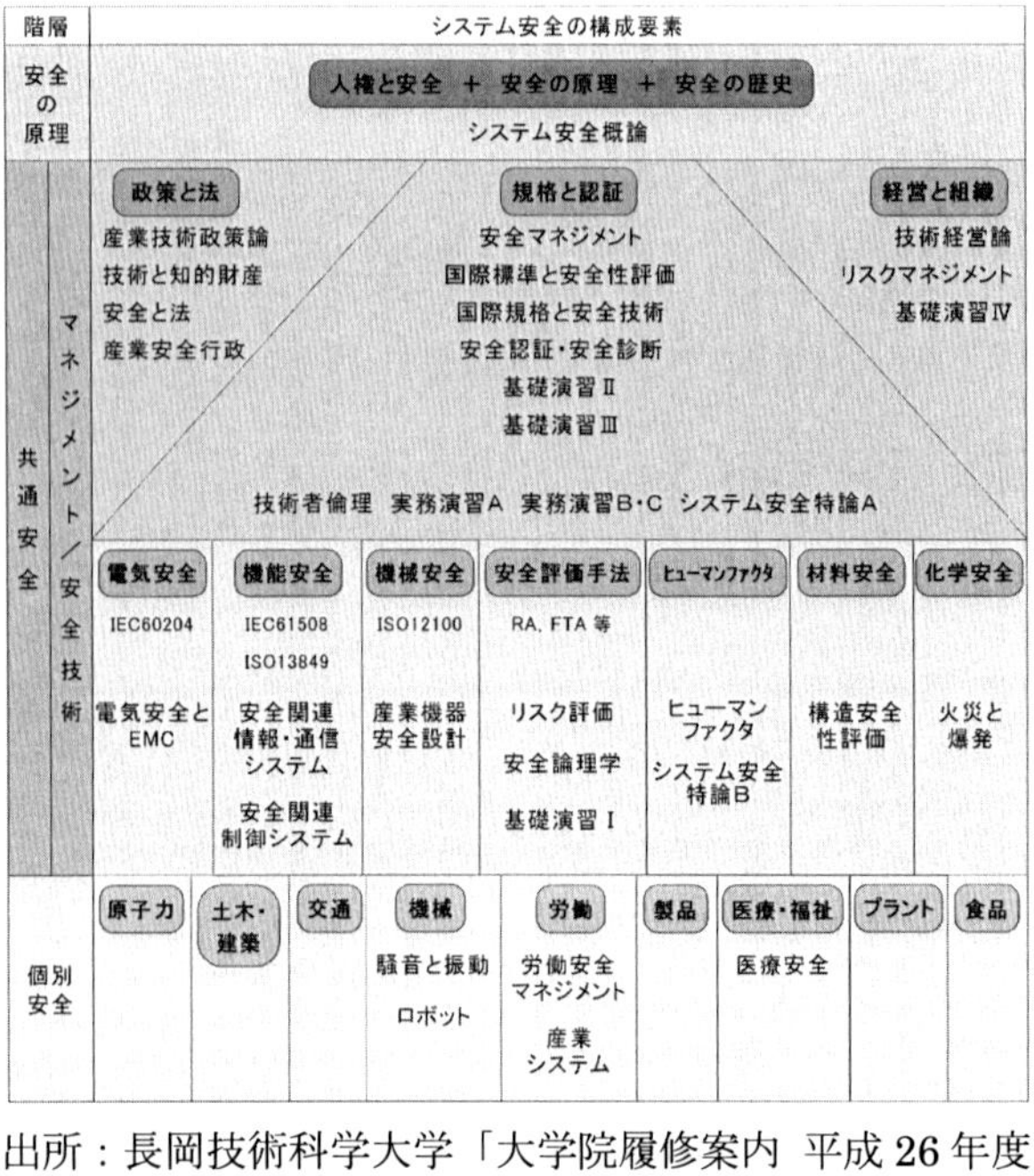

出所：長岡技術科学大学「大学院履修案内 平成26年度」

は東京サテライトキャンパス（当時：東京都江戸川区船堀、現在：東京都千代田区霞が関）の2か所でした。東京サテライトキャンパスのみの講義履修にて、修了要件を満たせるプログラムとなっておりましたが、大学という雰囲気の中でも学びたいとの思いが強く、長岡にて講義を履修する機会も多々ありました。

長岡技術科学大学専門職大学院の在籍年数は2年が標準年限であり、社会人大学院生の場合は長期履修制度により最大4年間までの在籍が可能でした。

最後に長岡技術科学大学の学期について触れたいと思います。多くの大学が取り入れている前期後期と区分するセメスター制ではなく、4〜8月を1学期、9〜12月を2学期、1〜3月を3学期とする学期制を取っております。1〜3月を3学期としているのは、長岡が国内有数の豪雪地帯であることから講義の補講期間という位置付けのようです。

長岡技術科学大学専門職大学院1年目

《1学期》

学業と業務をどう両立させていくかについてかなり苦心いたしました。東京サテライトキャンパスでの講義履修を主とし、たまに長岡在住の同級生との交流を兼ねて長岡の大学キャンパスでも講義を履修していました。安全の基礎事項に関する講義履修と並行し、必修の演習科目（システム安全基礎演習Ⅰ）にて、実物の電動丸ノコを対象としたリスクアセスメントを行ったり、「技術者倫理」の講義では科学技術と安全の関わりや企業と安全の関わりについてグループ討議を行ったりするなど、実務ですぐに活用できる実践的な内容を学ぶ日々でした。

《2学期》

専門職大学院生活にだいぶ慣れてきたこともあり、長岡に行く頻度を増やし同級生や1学年上の先輩方と反省会と称した懇親会（場合によっては講義担当教員も参加）を行っていました。

9月になると個人的に履修を最も楽しみにしていた「構造安全性評価」の講義が開講されました。学部時代、再履修をして何とか単位を修得した材料力学（所属学科の必修科目）で学んだ内容を必死に思い出しながら何とか食らいつき、履修した科目の中で最も良い評価（96点のS評価）を頂きました。また大学祭の最中に大学キャンパスで講義を履修する機会があり、休み時間には大学祭にスポット参加し、学部時代の頃を思い出したりもしていました。12月には講義が長岡開催のみであったため、真冬の長岡の洗礼を浴びる機会もありました。

またこの頃から材料と安全に関する研究をテーマとして博士号を取得したいとの思いが強くなり、専門職大学院の先生方へのご相談、他大学大学院の研究室を訪問することを検討していました。

《3学期》

1学期や2学期と比較して履修する講義の数が減り、一番腰を据えて学べた時期でありました。博士後期課程進学に関する情報収集、修了研究内容の検討、諸先輩方の修了研究発表の聴講など、2年次に向けた準備を行う日々でした。

長岡技術科学大学専門職大学院2年目

《1学期》

専門職大学院1年目におおむね必要な単位を揃えたこともあり、1学期は必修の演習とeラーニング科目（2科目）の履修に留まりました。専門職大学院の修了を目指していく上で最も重要な修了研究（システム安全実務演習A）が始まり、指導教員（構造安全性評価の講義担当教員）と副指導教員（メーカー在籍の実務家教員）の2名の先生方から1年間ご指導を頂きながら、研究を遂行していくこととなりました。

前述の通り、材料と安全に関する研究として、製品の構想設計段階における材料の故障モード解析（リスクアセスメント）手法の開発をテーマといたしました。修士課程以来の研究活動となるため、先行研究調査などに慣れるまでに時間がかかりました。

修了研究活動と並行し、博士後期課程の進学準備を進めました。修了研究の指導教員から博士後期課程でもご指導頂けることとなり、長岡技術科学大学大学院 工学研究科 博士後期課程 情報・制御工学専攻の学内進学試験の受験を決意いたしました。

学業や研究以外では長岡在住の同級生と長岡花火を鑑賞するなど、長岡の夏を謳歌できました。

《2学期》

博士後期課程学内進学試験（9月）や修了研究中間発表（11月）など、専門職大学院生活で最もハードな時期となりました。eラーニング科目の対面講義や選択科目の講義も重なったため睡眠時間を削る日もありました。

10月に入ってから、受験した博士後期課程学内進学試験の合格がわかり、専門職大学院の修了に向けてアクセルを加速し始めました。

11～12月は修了研究中間発表で宿題となった修正事項を踏まえ、修了研究報告書や修了研究発表資料の作成に追われる日々でした。

《3学期》

1月に修了研究報告書が完成し、2月の修了研究発表に向けて、修了研究発表資料の仕上げにラストスパートをかけました。修了研究発表では、指導教員や副指導教員以外の専門職大学院の先生方や後輩の方々からも忌憚ない意見を頂き、修了研究報告書の再修正対応を行いました。かなり苦労しましたが、何とか修了研究を完遂することができました。

修了研究活動と並行し、専門職大学院修了式終了後の謝恩会の幹事を拝命していたため、2学期以降、有志各位で謝恩会の準備にも追われておりました。ありがたいことに専門職大学院修了生総代として、修了式当日に学長から修了証を受領するというお役目も頂き、謝恩会と併せて専門職大学院修了式の一日は忘れられない思い出となりました。

長岡技術科学大学専門職大学院を修了して

長岡技術科学大学専門職大学院での学びを通じ、安全に詳しいということで当時の所属事業部門内で勉強会を企画から開催までを担当したほか、全社品質・製品安全統括管理部門への異動が叶うなど、キャリアチェンジにもつながりました。自身の可能性が大きく広がったことや、永く付き合っていける友人と出会えたことなどから、私は長岡技術科学大学専門職大学院で学ぶことができて、大変幸せであったと当時を振り返っております。

また専門職大学院修了研究「材料に関する故障モード解析（リスクアセスメント）手法の開発」を学術的に体系化したいとの思いが強くなり博士後期課程に学内進学をいたしました。博士後期課程での様子につきましては、別の機会にお伝えできたらと思います。

第8章　シングルマザーの北海道から大学院大学進学

波環（なみ　たまき）

1968年北海道江別生まれ。1991年奈良女子大学文学部卒業。北海道の放送会社に勤務後、2023年に退職。1998年「宝塚に連れてって!」、2020年「お遍路ズッコケ一人旅　うっかりスペイン、七年半の記録」（ともに青弓社）、2024年AmazonKindleから「サンティアゴ・デ・コンポステラ90日間おばちゃん巡礼記」を発売。2009年日本パブリックリレーションズ協会認定PRプランナー資格取得。2021年社会構想大学院大学コミュニケーションデザイン研究科入学、2023年コミュニケーションデザイン修士（専門職）学位取得。現在はジョブ型でPR広報業務を行っている。

北海道在住での「大学院進学」のハードル

私は一般大学を卒業してそのまま地元の北海道・札幌で就職。１９９９年に出産をして育児休暇12カ月、育児休業明けからは保育園・学童保育と職場と家の三拠点を移動する９年間を経て、子どもが中学進学時にシングルマザーになりました。その後、中学・高校・大学と子どもの学費を払い続けて大学を卒業させたのが２０２１年３月。

ここまでの22年間のあわただしさ、書いているだけで過呼吸になりそうです。

職場には恵まれ仕事は順調に続けることはできたのですが、大きくもない会社でキャリアのゴールや完成形が見えない。自分に対してなのか、職場に対してなのか、漠然とした煮え切らなさを持ったまま働き続けました。それでも自分が一番興味を持って働き、資格を取るほどのめりこむことができた広報・コミュニケーションという分野をもっと勉強したい気持ちが募っていきました。

そして、この漠然とした煮え切らなさに決着をつけるしかない出来事が次々とやってきました。

２０１９年の夏、私にとって初めての地方勤務となる社内異動がありました。小さい街の営業所の所長でした。そこでのお客様は地域の小さな会社の経営者が多く、彼らがどんな経営課題を持っているのかを聞き、解決できる手段の提案をすることが私の仕事でした。これはどうしたものか、何か新しい視点で勉強をしたほうがいいのではないかと気がつきます。転勤した２０１９年の後半はあいさつ回りや業務の把握で駆け回り、２０２０年の年が明けたら新型コロナによる行動制限です。転勤して半年、ようやく取引先の状況がわかってきたときに外出禁止…。これはこたえました。取引先は観光業が多く、コロナの対策の支援金や補助金で何とか経営や雇用を成り立たせている人たちに新たな提案はできず、営業成績をやりくりして整える日々でした。

一方でコロナの行動制限中の２０２０年の4月、自身2冊目となる単著を出版することができました。２０１９年の秋で結願した「四国八十八ケ所」のお遍路体験を書いたものです。私が7年半かけて徒歩で敢行した八十八ケ所のエピソードをまとめたものでした。２０１９年のうちに、出版の話は持ち上がっていたので、コロナ自粛に関係なく出すことができました。とはいえ、コロナの行動自粛中で書店が閉まって誰もどこにも行けない状況で旅の話の本を発売開始です。出せたのは幸運でした。

自分にとって出版という大きな節目はあったもののそれ以外はむなしく過ぎた２０２０

年。日本中、世界中がきっとそうでしょうが、２０２１年はあらためて仕事の体制を整えなければいけないはずでした。転勤した時に自分の中で課題となっていた「小さな会社」へ何かしら提案できることはないか？　たとえば、私の関心が強い広報に近い分野で役に立ちそうなマーケティングならばどうだろう。

こんな経緯で徐々に大学院大学進学にたどり着いたのです。

むしろコロナ禍だからよかった大学院生活１年次

私が学んだ大学院大学は入学したときは「社会情報大学院大学」、途中で「社会構想大学院大学」に名称が変更となりましたが、当時、この学校法人グループは私が関心をもって仕事してきた広報などに関する書籍や専門雑誌を出していたので親しみがありました。発刊されていた雑誌の中でも大学院大学の教授が専門分野について論文やレポートを掲載されていたので、たぶん私が知りたい、学びたいことに近いことが勉強できるのだろうとそれほど迷うことなく願書を出しました。

社会人での実務経験が入試の条件となっておりましたが、それについてはそれまでの仕事のキャリアや資格を提示することで、入学許可を頂くことができました。研究したいテーマは「中規模都市の中小企業に適したマーケティング」のあたりをモゴモゴ、という感じです。

２０２０年春、入学式は行動制限がやや解けていた時期なので、リアル開催とオンラインも可でした。大学院は東京にあり入学式だけで札幌から上京するのも難しく、またその日は仕事がありました。よって、訪問先の町役場の駐車場に営業用の車を止めて、その中で入学式の映像をスマホで見ていました。皆さん賢そうだな、ついていけるかな。私は札幌の一つの企業で30年働いていましたので、その中で常識となってしまっているビジネスの概念、ビジネス用語の語彙の少なさを実感することが多くありました。たまに出張で上京し、会議に出たり、訪問先で交わされたりするビジネス用語の多様さや複雑さに戸惑うこともありました。この大学院大学は実務者のためのものですから、当然、彼らはその中で揉まれている人たちです。研究以前の「常識」「ふつうのこと」のレベルの違いについていけるのかが不安要素でありました。

オリエンテーションの後、まもなく講義・ゼミが始まりました。その過程で私にとって、もしかしたらコロナ禍であるということは、大学院生活にはプラスに働いていたのかもしれないと気がつきました。というのも大学院側は校舎に学生が集まることを避けていた時期であり、教員もご自宅やオフィスからの講義、学生たちも自宅や勤務先からのオンラインでの参加。となれば、東京も大阪も北海道も関係なく条件は同じ。大学院側も教員も、オンラインで講義やゼミを行うことが標準的なスタイルで準備をしてくださっているので、その場に行けない私が取り残されることはありませんでした。そのころは一般大学もそうだったのでしょう。

そもそも、札幌で働きながら札幌圏の大学院に通うという選択肢はとても少なく、その上、仕事の終業時間は大学院の講義の開始に間に合わない。そして大学院で勉強する意義や人材を評価し、事業経営に生かすことができる地場企業が少ない。だからやっても意味がない…。そんな「勉強したい」以前の問題で、地元の大学院進学を選択する社会人は「変わった人」だったといえます。ですが、オンラインでしっかり勉強できるのであれば地元の大学院にこだわる必要はなくなります。それがコロナ禍の恩恵ともいえるかもしれません。私の80歳の母はずっと「通信教育」と言っていましたが。

講義とゼミが始まりました。研究テーマは入学したときに決めていた例の「中小企業」をモゴモゴするあたりです。モゴモゴの部分を整理して、テーマに関わる用語の定義や資料の洗い出し、研究計画書の第1稿ができた6月、私にとって大きなできごとがありました。勤務中の地方の営業所から本社に異動が決まったのです。営業職から内勤に異動になり広報の分野を担当することになりました。

この広報の担務は私にとって10年ぶりであり、キャリアの中では一番長いものです。この大学院大学が網羅する分野の真ん中にあたる「広報＝コミュニケーション」の仕事をすることになったので、転勤で本社に戻ることはマイナスの何かが発生することではありません。が、私が当初掲げた研究テーマである「中小企業」のモゴモゴからはかなり遠ざかります。

私がそれをできるだろうか、私の目の前にいなくなる人たちのことをテーマにした研究をできるだろうかと考えてみましたが、それは否。指導教授からは「仕事に近い分野を研究テーマとして突き詰めていくと辛くなることがあるので、少し距離があるテーマが客観的でよいこともある」とアドバイスを頂きました。確かにそうですし、そのアドバイスの本当の意味をだんだんと理解したのは2年次のことでした。

1年次は、オンラインでのグループワークを通して、それぞれの院生が持つ課題などを共有することで、程度や規模の違いはあっても同じような問題を持っていることに気がついたことが収穫でした。世界的な規模の上場企業でも、何代も相続されてきたオーナー会社でも、人材の不足や事業の評価の問題、現代的な課題に経営が対応できていないという、どこも同じような悩みがあるのだとわかりました。

大学院生活の日常

希望に満ちた大学院生生活ではありましたが、体力的には楽ではありません。そのことをスケジュールで振り返ってみます。

講義の開始は夜6時30分。終業は5時30分だったので早々に引き上げます。交通機関の乗り継ぎを失敗すると6時30分に家に着かない。講義はTeamsを使って行うので、間に合いそうにない場合は、バスの中からスマホでTeamsのアプリをあけてイヤホンで聞くことになります。チャットで「今はバスの中、しゃべれません」と伝えとおきます。会社に残って講義に参加せざるを得ないような人も多かったようです。

バスを降りて家まで2分、ようやく自宅でパソコンを開けます。そして、チャットで「もう話せます」と伝えます。先生たちもできるだけ院生に対し討論やそれぞれの気づきの中から議論や理解を深めていくようなスタイルなので気が抜けません。

講義は夜8時まで続きます。10分休憩で8時10分から9時40分まで。1時間半×2コマを2週で7科目ほど履修していました。奇数週平日3科目、偶数週平日2科目、土曜は毎週1科目。平日3日は終業後ダッシュで帰るのですから、仕事の進め方の効率も良くなります。

どうしても出られないときは、あとから録画でフォローアップしますが、3時間の動画をちゃんと内容がわかるように観るわけで溜まると辛いです。無理やりでも講義に出たほうがいいと感じました。

とはいえ、夜の帰宅後ですから、お腹はすいているし、パソコンをダイニングテーブルに置いてちょっとした隙間にキッチンに食べ物を取りにいくようなこともありました。講義がある日はあらかじめ、おにぎりなどすぐに食べられそうなものを朝のうちに用意して出勤したりしていました。昼間、仕事で体を動かすようなことがあった日は夜にはクタクタなので、講義の後半はもうダメ、パソコンを手にしながら横になってしまったこともありました。でも、やっぱり自分でお金を払っている講義なのでサボれません。そして講義のあとは、ミニッツペーパー（講義の振り返りメモ）の提出で10時を過ぎます。講義がとても難しくてついていけないことは幸いなかったのですが、体力的なことは如何ともしがたい日々でした。

講義のみならず演習や実習もあります。グループワークで事例を集め、検討分析することから学びを得ます。講義タイプの授業でも事前の準備や、後からフォローアップを求められる科目もあります。なかなか忙しいので、課題を溜めているヒマはない。講義のはじめには、最低限読まなければいけない関連書籍のリストが出てくることもあります。通勤時間中に読めるような内容ではないので、休みの日に近くの公園まで行って、他の情報を入れないようにしてなんとかして読みます。討論、議論形式で進めるスタイルは楽しいのですが、夜9時に何か斬新なことを理路整然と説明するのは脳の中の栄養素不足でもう無理。「考える体力」不足です。

1年次に履修した7科目の中にはゼミもあります。自分の研究課題について進捗や課題を整理して発表します。1ケ月に1回はその発表の機会が回ってきますし、進んでいないままゼミに出るとほかの院生の時間を無駄にすることになります。他の院生の問の立て方、研究方法から学ぶことも多かったです。

体力的にはヘロヘロでしたが、同期の方たちの若くきびきびした所作、Teamsで画面共有しながらグループワークを進めることにおいてのこなれた様子にほれぼれとし、それは仕事では得られない楽しさでした。

ずっと座りっぱなしの2年次

こんな感じでヘロヘロな1年次が過ぎていきますが、1年次の後期には、研究テーマが確定したと発表しなければいけません。転勤となった夏以降、大急ぎでテーマの変更をはじめました。私が10年ぶりに担当することになった業務内容を研究のテーマとして角度を変えて見つめ直すべきだろう、ということまでは比較的すぐに見えてきました。同じ部署で10年ぶりに担当するもののポジションも異なり、当時は気がつかなかったことが気になりはじめます。この業務の正解は何なのか？　ステークホルダーは何なのか？　予算は効率的に使われているのか？　このマネジメントを組織は評価しているのか？　こういう実務上の課題を研究の「問い」として調査設計としていくことが次の段階になります。

指導教授からは、できるだけ明確に絞り込んだ「問い」を立てたほうが結論は明確になるし、同時に大きな領域にまで言及できるようになるとは言われたものの、簡単ではありませんでした。それを研究することは意味があるのかと、ゼミで詰められることは何度もありました。「ある、だって私は現にいまこの仕事をすることに矛盾を感じているし、だんだん研究していったら、このことを課題と思っている人、共感してくれる人はいるだろう、普遍的な何かを得られるだろう」と思いつつ、根拠は薄いながらもやるしかありません。

この論文を書いて1年後、私が書いた理論を拡げていけば要因に言及できる自死事件が世の中で起こったこともあり、1年経ってここまできたかと思ったりもしました。私が書いたことの「理論的正しさ」についてはここで言及するつもりはないので、それはさておき、研究をした日々のことを振り返ってみます。

このテーマで「書ける、書けるはず」と確証を得られたのは調査手法について決めることができたからです。社会科学系ではアンケートやインタビューによりデータを取ることで理論を積み重ねるような手法を取ることがあります。様々な研究手法について検討する科目があり、その中で試作をすることで「これを使えそう、これが使いたい」と思えました。私が研究したい課題は、多数を対象とした数値的なデータは溢れていたのですが、数人のインタビューから組み立てるデータは存在自体が少ないものでした。これであれば私が試してみる意味があるだろうと考えました。

1年次の冬に、私の妹でそれを試してみたらいけそうなデータが取れました。とにかく時間がかかる分析方法なので私がやりきれるか心配される教員もいらしたのですが、担当の指導教授に励まされる形でとにかくそれを使う研究になりました。

2年次、4～6月にかけてはデータの取得（十数人へのインタビュー）。それを夏いっぱいかけて書き起こしてからの分析です。音声の文字起こし機能はありますが、1時間弱の文字起こしで、文字や文章があったとしてもそれを研究視点で切り分けるのは人間の仕事。7～9月はずっとパソコンの前で、書き起こしの文書とにらめっこです。文字起こしデータだけでＡ４用紙で厚さ５㎝分くらいはありました。暑いし、腰痛いし、目も乾く修士論文制作でした。

卒業と退社と次のステップへ

研究課題を進めるうちに、そもそも自分の仕事、業務内容にかかわるテーマだったこともあり、最後の結論は「経営課題」にブチ当たりました。今、私の目の前にある何だかわからない仕事、それがある部署とは？　それがある会社とは？　それがある業界とは？　と検討を拡げていきます。それを「問い」の前から、中から、過去からほじくり出すことになります。

２年次の秋、論文のおおよその流れを組み立てているうちに、この研究は、展望のある結論にはならないかもしれないと気がつきました。自分の目の前の仕事は展望がない、と書き続けるのです。

正直だんだん怖くなりました。自分でこの結末に向かって、腰が痛くなるほど書き続けているのに、ここには展望が見えない。それがわかっているのにこの仕事を続けていこうとする自分はどうなのだろう…。これが１年次に先生が言っていた「自分の仕事の分野から遠いほうが、自分にとっては楽だよ」ということなのでしょう。

同時に、社会人向け専門職大学院での学びであることから、自分の仕事領域の応用性についても気がつき始めました。いわゆるジョブ型で働ける可能性があるのではないか。これだけを切り分けて「私の仕事」にしていけそうな気持ちにもなっていきました。

卒業式の日には、まだ会社には辞めることは伝えていませんでしたが、大学院の同期の方には「会社、辞めるかもしれない」と伝えていたことを思い出します。何人か同じような人がいらっしゃってお互い笑い合いました。学びの中から、自分が今立つところを客観的に見ることができた、「会社を辞めることができる自分になった」ことは、修士号と同じくらい財産となり、今は独立して仕事をしています。

第９章　大学院で「学ぶこと」が映し出す未来

鈴木朋子（すずき　ともこ）

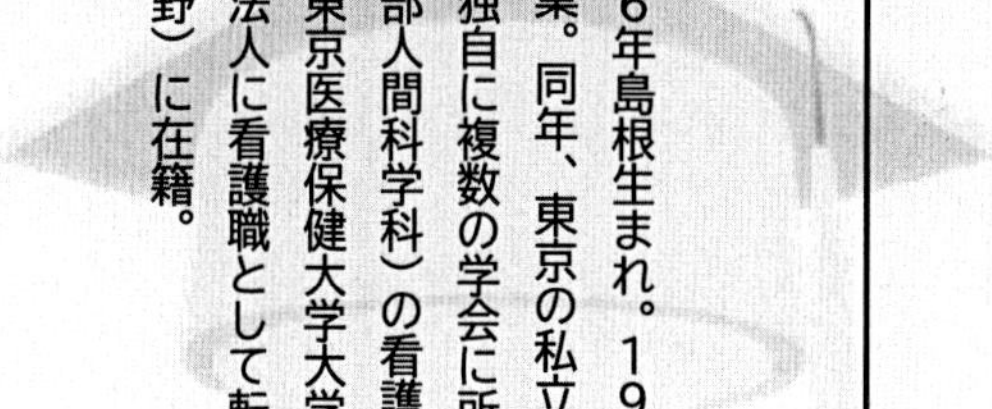

１９６６年島根生まれ。１９８５年浜田高校理数科卒業。１９８８年公立新見女子短期大学（看護学科）卒業。同年、東京の私立病院に就職。１９９５年結婚し、１９９６年公立病院に就職。勤務と並行して独自に複数の学会に所属し、研究発表や２本の論文を執筆。２０１５年人間総合科学大学（人間科学部人間科学科）の看護教員養成コースに編入学、２０１７年私立大学看護学部助手に転職、同時期に東京医療保健大学大学院修士課程（医療保健学研究科看護マネジメント学）に在籍。２０２１年医療法人に看護職として転職し、現在は、国際医療福祉大学院博士後期課程（医療福祉学研究科看護学分野）に在籍。

毎日が楽しい学生身分

私は看護師で看護学を研究する大学院生です。単純な自己紹介ですが、これに50代女性、ほぼ毎日「すっぴん」めがね、という「私」を他人が表現すると、①そつなく優秀で、バリバリできて自分の世界に閉じこもっている人、②お金があってプライベートの拘束のない人（扶養してくれる人がいる、独身、子どもなしなど）、③免許オタク（ライセンスや世間にお ける地位にこだわる人）等とみられがちです。人からどう思われるか、という思いもないわけではないのですが、「社会人大学院生」の今、私自身は楽しい毎日を過ごしております。

確かに毎日忙しいです。時間も余裕もあまりないです。お金も授業料に消えていき、本当ならもっと残っているはずなのに、なんだかいつもお金の計算をしています。でも、大学院で学ぶ前の自分より格別に今の毎日が楽しいし、「学生」の身分がとても楽ちんなのです。なんでそんなことになっているのか。この章を書きながら考えてみたいと思いました。

「私」と「学ぶこと」の関係

私には夫と子どもがいます。しかし、家のこと（私は「お母さん活動」といっています）

はほとんどやらずにここまで来てしまいました。そして、家族には感謝しつついまだにその姿勢は続行中です。その「お母さん活動」そっちのけで没頭している「看護学」との付き合いの始まりは、「看護学部のある短期大学（3年課程）」を受験したことでした。とても高い志をもって入学してきた同期とは異なり、たいした覚悟もなく、不器用で気が利かない私が貴重な「看護師」になるための枠を奪ってしまったことを、ちょっぴり後悔していたものの、気づいた時には「看護学」という不思議な学問に心を奪われていました。

日本看護協会のホームページの『看護職の倫理綱領』（２０２１年改訂版）には、「人々は、人間としての尊厳を保持し、健康で幸福であることを願っている。看護は、このような人間の普遍的なニーズに応え、人々の生涯にわたり健康な生活の実現に貢献することを使命としている」と記されています。ナイチンゲールもヘンダーソンもオーランドもペプロウもキングも「健康で幸福である」ことをアウトカムにする行動を「看護」としています。

しかし、人を健康にするのは医者か薬で、人を幸福にするのは政治家や福祉の人だと思っていた当時の私にとって、看護は謎で不思議な行いでした。私は卒業論文のはじめにこう書きました。「なぜ患者は、看護師の学習をしている私たちに、〝ありがとう〟というのだろう、こっちがお礼をいうべきなのに、目の前の患者は、私が来たときより健康になっているが、これは、私の功績ではない…」と。

そして、不思議な「看護」を知りたいという気持ちはエスカレートしていき、資格試験そっちのけで足しげく図書館に通い、そこで得た知識を自分の経験とすり合わせ、早朝教授に話を聞いてもらう、という作業をぎりぎりまでして「看護学部」を卒業しました。

ここで看護について付言しますと、看護とは「自然治癒力」を高めることが役割であるとある理論家が言っています。そう聞くと、弱っている人をみたら看護師はその人の身になって考え、卓越した知識と技術を持って良い方向を見定め、「患者さんの生活を整えてあげる」とか、「手助けする」とか「導く」と大抵の人は想像するでしょう。当時の私も患者のニードに応えるのが看護の役割であり、看護とは「人々を健康に導く」行動のことなのだと思っていました。

一方で、どんな重病人でも、「意志力」「体力」「知識力」の3つの力を持っている人には、看護は必要ないという理論が成り立つのが看護という分野です。「薬」や「検査」「医師の治療」「介護」を求めて病院に行く人の中には、「看護」は不要と思っている方もいます。しかし、障害を持っている方であっても、「自立して生きる」ための3つの力を持っている方に「不要な援助」をしないことが「看護」であるということや、直接的な介入をしなくても対象の「変化（マイナスも含めた成長）」を常にモニタリングし、寄り添い、思いを映す鏡になるだけで「看護」ということもあるのです。これが看護とは「謎」であるという要因です。そして、私は「看護」という謎の多い学問を紐解き、体系的な研究に仕上げていくことが人々の明日を開くために大切なことであると思っています。

しかし、現実の医療の進歩は看護師の忙しさを加速させ、さらに、「看護師の役割」は勝手に作り上げられ、ほとんどの業務は「診療報酬」と結び付けられながら、誰も「看護学」という扉を開ける鍵を探すことができていない状況に多少の無念さを感じています。

「学ぶこと」が映し出す私の未来

当時は「看護師」として社会人になるべく就職したものの、私が看護師でいることは社会の迷惑だ、くらいに思っていたので、就職と同時に大学の史学科（通信教育課程）に編入学しました。そこで、卒論のテーマにしたのは、日本人の「死生観」でした。学問領域はまったく違うのに、「看護学」と「史学」は私の「生きる」とリンクして、日々の興味関心を満たし、「看護師」としても転職することなく勤務することができました。また、「看護」での疑問は、「看護研究」を実践することで自分なりに解決できていました。大学、看護協会、所属している施設の図書館司書さんには、ずいぶんお世話になったと思います。

社会人の私にとって「学ぶこと」は、私の中で何度も湧き上がる「(他者からの理不尽な扱いも含めた)なぜ」の答えを、他者を否定することなく、「自己肯定」の形で示してくれる、唯一無二の存在となっていました。

空気の読めない私が、様々な世間の意見に人生を左右されずに、ここまで幸せに「看護師」として生きることが出来たのは，間違いなく「学ぶこと」のおかげだったのだと、この時代を振り返り確信しました。

大学院で「学ぶこと」になるきっかけ

看護師資格というライセンスをとって数年が経っていました。なぜかその頃には結婚をして子どもがいました。「看護」が何なのかは答えが見つかっていませんでしたが、時間の経過とともにあきらめたわけではないけれど、私にとって看護は目の前の人を健康にするために「今」を全力で取り組むことと定義し、使命感にさいなまれて毎日看護師をしていました。

そうすることが自分にできる最高の看護なのだと信じることで、「看護」に対する疑問は満たされているような気がしていたのです。

そんなときに、再生医療のニュースを目にしました。臓器が再生できるかもしれない、不老不死が可能になり、神の領域に変化がもたらされるかもしれない。そのことを多くの人々が喜んでいる中、違和感を覚える自分がいました。そして、これまで以上に老いや不治の病と闘い、共存しながら長い人生を歩む人が増えてくるということを直感的に感じたのです。同時に、一瞬に終わることがない、誰からも求められるわけでもない、評価されるわけでもない、自分だけの人生を「幸せ」という時間にするための援助は「看護」にしかできない、「看護」を学び直したい、と考えるようになりました。

「医療」「治療」「検査」「薬」「介護」ではない「看護」とは何か、人々が人生の最期に「いい人生だった」というためには何が必要なのか。漠然としているけれどずっと抱えていた「看護」の謎の扉を開けることができるのではないかと思いました。

社会人が「学ぶこと」を継続するためのフィールド

社会人がいい年して謎の解明をしたいと言ったりすると、「なんか嫌なことでもあったの、どうにもならないよ、考えすぎないで」と上手になだめすかされて現実に戻るか、「なんか変なものでも食べたんでしょ」みたいなまったく相手にしてくれない人々のツッコミに合い、気の利いたボケを返す、というのが想定される反応だと思います。しかし、なぜかこの時の私のつぶやきに、当時足しげく通っていた院内図書館の司書さんは、「大学院で研究したらいいんじゃないですか」と想定外の反応をして下さったのです。「謎を解く」「研究をする」「大学院」「大学院ってどうやったら行けるの？」と少し考え、すぐに図書館のＰＣで調べました。

調べる中で「大学院」で学ぶためには、「自分の研究テーマ」を明確にしなければならないということがわかりました。当たり前だろうと思われるかもしれませんが、それが一番重要で難しかったように思います。自分の考えを整理し、「研究計画書」を書いてみましたがまったくまとまりませんでした。看護のどの分野が自分の研究分野であるのかもよくわかっていませんでした。面談や説明会に参加しつつ、話を聞いて頂き、テーマ設定ができるところまでになり、受験するころにはテーマが少しだけ明確になりました。お金のこともあったのですが、私の場合、実践と研究はリンクするものだということが基本的にあったので、仕事が継続できる範囲で時間と場所の都合がつくように研究のできる大学院を探しました。もちろん入学費用一覧や募集要項なども取り寄せ色々と比較しました。

大学院なので当然大学を卒業していることが求められます。私は大卒でしたが卒業したのは史学科で、持っている学位は文学でした。専門職として「学ぶ」なら（今考えると意味なかったのかもしれないですが）きちんと学びたいと考え、働きながら通学が可能な大学をみつけ編入試験を受けて看護教員養成コースに入りました。

大学で「人間科学」と看護教員としてのノウハウを学習し「看護学」の学位を取得した私は、根拠はないが準備ができた気になって大学院（修士課程）に挑戦しました。入試では英語力が求められましたが、その時、看護学領域は辞書持ち込み可で助かりました。どこの大学院も受験には英語の科目があるので、**TOEIC** とか **TOEFL** を受験して点数を取っていたらよかったなと思いました。

看護の場合、大学教員の道を目指している方も数名いらっしゃいました。教員を目指す方は修士課程修了後に学会や雑誌に論文投稿を目指して、研究生という立場で研究を続行する制度を活用していました。博士課程に進み研究を続行する人ももちろんいますが、時間とお金の問題は重いので、多くの方は修了、もしくは研究生の道を選ばれていたと思います。大学教員は定年が**65**歳だったりするので、今看護師としてバリバリやっている方も、50歳前後を目安に、職場を定年退職した後のキャリアとして、あるいは自己の看護のまとめとして、後進に伝える道を大学院でお考えになることも私としてはお勧めです。

それは「看護学」に限らないのかもしれませんが、実践をやった方にしかわからない、理論と原理を含んだ学問が世の中には多数あり、「看護」を含めて「理屈じゃない、実践ありき」の分野は、それそのものが机上だけでは答えをもたない、色々な可能性を生み出すことのできる分野です。そして、社会人として培ったノウハウを持つ人が理屈を作り、そうすることで人間の豊かさを向上させることができる分野なのではないかと思っています。

「学ぶこと」＝尊し

念願かなって大学院に入学することができました。入学して間もなく、仕事と並行して授業、レポート、グループディスカッション、研究に追いかけられる毎日が始まりました。同期のみんなと様々なことについて話し、笑い、時には泣きそうになりながら乗り越えていきました。臨床の感覚と教授の意見がかみ合わず、「仮説」の時点で何日も議論してしまうこともありました。ハードだったけれど充実しており、同期のおかげもあり、修士は2年で修了することができました。
これまで、看護師として解決してこなかった課題や問題についても議論やレポートを通して振り返りができました。失敗したと思っていたことや、どうにもならなかったと思ったことについて、こうすればよかったんだ、という答えを手に入れることができました。

社会人の皆さんは、いつも忙しくハードな毎日を過ごされていると思います。失敗に落ち込み、疲弊し、仕事を辞める人もいらっしゃるのではないでしょうか。

大学院で学んでみると、見える景色が変わってきたように思います。大学院で学び始めたころ、自分はひどい看護師だったな、人としてダメだったな、と思うことが数えきれないほど思い出されました。当時は隠したくなる出来事でしたが、そういった考えは知識の量に反比例して、人間だから仕方がなかった出来事として捉えるようになりました。それは、決してふてくされたり、開き直ったりしているわけではなくて、不完全なことは人間を相手に生業とする看護師にとって重要なことだと「学ぶこと」が教えてくれたことなのでしょう。

ダメな行動を知らず知らずのうちにやってしまう人間らしい自分自身と、今もこの先も付き合っていくしかない。「学ぶこと」にフォローされたり突っ込まれたり、忙しく未来へ学び続けている「今」は、何にも代えがたい「今」であることは間違いないことであり、それを

「尊い」と思ってしまうのです。

「学んでいる今」を楽しいと思えること

「医療」「治療」「検査」「薬」「介護」ではない「看護」とは何か、人々が人生の最期に「いい人生だった」というためには何が必要なのか、その答えを求めて大学院に籍を置き、「看護」を研究できている今、60歳を目前にして知らなかったことや、間違っていた自分に触れるたびに、これは自分の「のびしろ」なんだよなぁと思うのです。そしてそのことは謎のままではなく、きちんと研究で証明していけることがとても豊かで心地よいと感じます。また、私の自己肯定につながっていることをふとした瞬間に気づき、いい歳してちょっと恥ずかしい気持ちにもなります。

自分の可能性はまだまだあり、自分のボーダーを引き上げてひたすらチャレンジすることができている「社会人大学院生」の今、楽しい以外の言葉はみつかりません。自分が好きな自分でいられるための手段が、「学ぶ」ということなのかもしれないと考えます。皆さんも一緒にどうですか？

第10章　大学院というところで学んだこと

池嶌勝利（いけじま　かつとし）

１９６４年大阪生まれ、１９８７年に関西学院大学を卒業後日系損害保険会社に入社。香港での海外勤務を機に２００２年に外資系保険仲介会社に移籍。２００４年の中国ＷＴＯ加盟を機に、同社の中国現地合弁会社立ち上げのために上海に拠点を移し、中国進出大手日系企業の保険手配を行う。２０１２年の帰国を機に、別の外資系保険仲介会社の日本法人へ移籍。そこでは、大手グローバル日系企業のグローバル保険プログラムの再構築や巨大リスクの保険手配に携わる営業に従事し現在に至る。２０２２年には社会人学生として法政大学大学院政策創造研究科の修士課程に入学し、２０２４年３月に修士（政策学）の学位を取得。

なぜ大学院に行くのか？

私は55歳になった時、60歳以降の自分に今の仕事以外にもう一つのライフワークを持ちたいとぼんやり考えるようになりました。60歳からの未来に備えるなら3年前には助走開始しなければと思い、いよいよ具体案を考えだしたのは57歳の夏でした。ちょうどCOVID19のパンデミックから1年が経った２０２１年です。

そこで、これまで自身が培った経験や専門性を学校や企業等で教えるような仕事ができればと考えるようになりました。人に教えるということができるためには会社で経験にもとづき実務を教えるのとは異なり、自身の経験を検証し普遍化し、学んだ人が活用できる形にする必要があります。そのためには学び直す必要があると考えました。また自身の経験を体系化・普遍化できることは仕事のブラッシュアップにも役立つと考えました。

学び直す方法について考えてみると、新たな専門知識を身につけることが目的であれば、専門学校やビジネススクールの短期カリキュラムだけを受けるということも選択肢の一つでした。しかし、自身のこれまでの経験を体系化するためには、自身の経験を深堀する研究型の学びが良いのではないかと考えました。また受験から入学、そして卒業という過程を通じて、達成感のようなものを味わいたい、また自身のキャリアに新たな1ページを加えたいという思いもありました。そのため、社会人学生として「大学院に行く」ことが私自身の学び直しには最も適していると考えたわけです。

どこの大学院に行くのか？

「大学院に行く」という大きな目標を明確にすると、次にどの大学院に行くかを決める必要があります。通常、高校から大学に進学する場合、自身の学力（偏差値）が最優先され、国公立か私立か、通学方法などが決定要因となりますが、大学院に進学する場合は異なります。私が大学院に進学する際に考慮したポイントは以下の通りです。

1. まず何を学ぶかを決めること・・・学びたい学部（研究科）のある大学
2. 社会人を対象としたコースであるか・・・全日制ではなく夜間が中心であること
3. 「社会人ＡＯ入試」があるかどうか・・・できれば面接と論文だけにしたい
4. 通学できるかどうか・・・仕事の後に通学できる範囲であること
5. 授業料などの費用について・・・できれば低く抑えたい

私の勤め先は外資系企業であり、ＭＢＡや海外留学経験を持つ人はいましたが、私のように60歳に近づいてから大学院に進学する人は見かけませんでした。相談相手も限られているため、仕事を通じた友人で博士号を持つ方々の助言を頂きました。

私の場合、元々「行動経済学」を学び、自身の経験（営業一筋でした）を体系化したいと思い、大学院選びをネット検索で行いました（最終的にはＥＳＧ経営研究に進むことになりました）。この時「何を学ぶか」と考えていましたが、この発想が間違いであったということは入学してわかりました。このことは後ほどご説明します。

次に、筆記試験での入試という方法は避けたかったので、社会人ＡＯ入試の枠があるかどうかを確認しました。職務経歴書と小論文の提出および面接ということになりますが、小論文が「研究計画書」という形式であることは、この段階で初めて知りました。

さらに、通学できるかどうかも重要な要素でした。社会人学生にとっては平日の夜間授業がハードルとなります（毎週土曜日が授業やゼミで必須となることもですが）。授業は18時半くらいに始まることが多いため、通学時間は会社から30分以内にしたいと考えました。また、授業が終了するのは22時くらい（１００分授業×２コマ）なので、学校は会社と自宅の間に位置していることが理想です。

最後に授業料についてお話しします。学費の優先順位は個人の目的や環境によって異なると思いますが、たとえば、早稲田大学の夜間ＭＢＡコースは2年間で３４６万円かかりますが、私が卒業した法政大学は２４７万円であり、負担額に百万円以上の差があります。同じ大学院でも学費に大きな差があることを再認識しました。

このような費用面の問題に関しては「教育訓練給付制度」を活用することをお勧めします。この給付制度を受けるには、雇用保険を支払っている（つまり勤め人である）ことが前提条件となります。この制度は勤労者が職業訓練や教育を受ける際に一部の費用を支給するもので詳細は以下の通りです。

注意する点は、進もうとする大学院の課程が専門実践訓練に該当するかどうかで給付金額が大きく異なることです。さらに一度給付金を受け取ると、給付制度の種類にかかわらず3年間は新たに給付金を受け取ることができません。

私が選んだ法政大学大学院の政策創造研究科は幸いにも専門実践教育訓練コース認定の研究科であったため、2年間で学費のおよそ半分に当る１１２万円（40万円×2回＋卒業後32万円）の給付金を受け取ることができました。

この教育訓練給付制度を受けるためには、ハローワークへ行って、給付資格を得る必要があります。そこでキャリアコンサルタント（国から委託を受けたプロの方です）のコンサルティングを受けることになりますが、そこで各大学・大学院の課程ごとの給付金制度の説明を受けることができます。

私の場合、大学院を決めてから給付資格を取得するためコンサルティングを受けましたが、先にどの大学にどの制度があるのかを事前にアドバイスを受けていれば、大学院の選択肢がもう少し広がったかもしれません。このコンサルティングは無料で受けることができることも行ってみるまで知りませんでしたが、国が税金を使って社会人のキャリアの相談に乗ってくれる制度であり、大学院選びの有効な手段だと思いました。

ただし、修士課程から続けて博士課程に進むときは制度を使うことが出来ません。一度使うと3年間は利用できないからです。しかしながら博士課程は実践教育に該当せず、3年経過し

専門実践教育訓練 最大受講費用の70% （年間上限56万円）	・業務独占資格（介護福祉士・美容師・保育士など） ・IT関連（ITSSレベル３以上）資格の講座 ・大学院・大学・専門学校（MBA/法科大学院などの専門職課程/職業実践力育成プログラムなど）
特定一般教育訓練 受講費用の40% （上限20万円）	・業務独占資格（介護支援・大型自動車免許など）の資格講座 ・IT関連（ITSSレベル２相当以上）資格の講座
一般教育訓練 受講費用の20% （上限10万円）	・資格の取得を目的とする講座（社会保険労務士・税理士・簿記検定・TOEIC・Webクリエイターなど） ・大学院（博士課程・修士課程）

出所：厚生労働省ホームページ「教育訓練給付制度」を参考に筆者作成

た場合でも上限金額が10万円でもあることから、博士課程に進学した人たちは制度を気にする必要はないようです。いずれにしましても、専門実践教育訓練講座数は２９７２（令和6年4月1日現在）もあります。ご自身でも入学を決めるまでに確認されることをお勧めします。

大学院に入ってみて

２０２２年4月の入学時は、コロナ対策が少し緩和されて対面授業が始まっていました。オンライン授業のメリットもありますが、やはり大学のキャンパスに通うことや教室で講義を受けるという新鮮さが私にはありました。

先ほど大学院の選択について話しましたが、次は入学後についてお話しします。入学を検討されている人から、社会人学生として大学院を修了することについて時間割と単位取得に関する質問がよく寄せられます。そこで、平日の夜に行われる授業で単位を取得するためには、どのような時間割になるのか、私のケースを紹介します。

まず修了に必要な単位数は全日制も社会人向けの夜間コースも同じです。一般的に、授業1コマの時間は90分または１００分ですが、法政大学では１００分の授業を7回受講することで1単位となります。修士課程では36～40単位が修了認定単位となり、社会人向けの大学院では、夜間と毎週末土曜日のみで必要な単位を取得する必要があるため、一つの科目には2単位（つまり１００分の授業が２コマ）ずつ割り当てられます。夕方6時半から授業が始まると、休憩を挟んで夜10時に終わることになります。

一般的には2年生になると修士論文の準備が始まることや、仕事や家庭の事情、健康上の都合などを考慮して、1年生の間にできるだけ多くの単位を取得することが推奨されています。すると1年生の間は平日の夜に2日間、土曜日は終日授業が1週間のペースとなります。最初は身体がリズムに慣れるまで疲れるかもしれません（特に土曜日の終日授業）。しかし学生のころと異なり、社会人になって授業を受けることは私にはとても新鮮に感じました。

1年生で大半の単位を取得することができれば2年生になると時間的に余裕が出てきます。よって、2年生になると平日の夜は週に1回の授業でも修了に必要な単位数は十分となります。どれだけ沢山単位をとっても授業料は変わらないので、必要な単位数が36～40に対して60以上の単位を取得した先輩もいました。つまり沢山単位を取った方がコスパは上がるという考え方もありますが、自身のワークライフバランス次第だと思います。

また、大学なのでもちろん夏休み、冬休み、春休みがあります。毎週土曜日授業やゼミがあると言っても、特に夏は二か月近く休みがあるので、旅行などで気分転換する時間も十分にありました。

単位取得には研究科の必須授業に加えて、他の研究科の授業も一定数は単位として認められます。私の場合、自身が所属する研究科の授業だけでなく、同大学のＭＢＡコースのファイナンス論やリスクマネジメント論など、ビジネスに直結する授業も取ることができました。また、大学院ならではの授業では、質的研究法などの研究方法に関する授業も多くあり、研究の進め方や論文の執筆方法についても学ぶことができます。

ここまでは、大学院でのカリキュラムについて話しましたが、次は入学前に理解を誤っていたという「何を学ぶか」という点についてお話します。

私が入試の際に提出した論文の形式は「研究計画書」というものでした。文系でなおかつビジネスの世界で生きてきた私にとって、研究というと物理的な実験や歴史や経済の研究のようなものを想像することはできますが、研究という概念はなかなか掴みにくいものでした。

1年生の時は研究生とは言われているものの、単位を修得するために授業を受けレポートを提出するという学び中心の時期で、どちらかというと楽しい一年間を学生として過ごすことができました。しかし、2年生になると修士論文の準備が始まり、夏からは執筆に入る必要があるため、担当教授から私の研究計画書に対して厳しい指導が入るようになります。つまり、単位を取るための授業で学ぶことはあくまでも（言い過ぎかもしれませんが）補足的なものであり、修士課程の本道は修士論文を書き上げること、そのためにどのように研究を進めるかを学ぶことであると思いました。

私のような年齢になると自分が指導するということはあっても、自分自身が（時には厳しく）指導されるということが少なくなってきます。そのことによるストレスと修士論文を書き上げることが出来るのかという焦りを感じる時期となりました。しかし裏返せば、この年齢になって指導頂くということは貴重な経験と受け止めることもできます。

修士論文そして卒業

いよいよ卒業に向けて修士論文の準備・執筆に入るわけですが、お話したように2年生になって論文の指導が始まってからは決して楽しいだけではありませんでした。しかし修了するという目標が明確になってくることでモチベーションは大きくなってきます。

修士論文執筆の際に参考とすべき型があります。自分なりに整理すると以下のようになります。

私が学んだ修士論文の型

① 研究のテーマ：自分が何を明らかにしたいのかを明確にする「問いを立てる」

② 序論

（ア）背景や動機（目的）：なぜその研究を行うのか

（イ）論文の意義：その研究が何の役に立つ（社会的意義がある）のか

③ 先行研究.

（ア）自分の研究テーマに関連する先行研究を調査し、何が明らかになっていて、何が明らかになっていないのかを把握する

（イ）自分が何を明らかにしたいのか明確にしてリサーチクエスチョンを立てる

④ 研究方法

（ア）どのようにして自分のリサーチクエスチョンを明らかにするのか？ 研究方法を決める

（イ）またその研究方法には客観性と妥当性が求められる

⑤ 研究結果と考察

（ア）研究を進めた上で得られた結果を分析し、考察する

（イ）リサーチクエスチョンを明らかにできたのかどうかを示す

⑥ 結論

（ア）研究結果をまとめ、何が明らかになったのかを明確にすることが重要

（イ）また明らかにできなかったことや今後の課題についても述べることも必要

⑦ 資料・参考文献

（ア）使用した資料や参考文献を適切に引用

（イ）そのことで論文の信頼性を高めることが出来る

①～⑥まで、ステップや順序があるわけですが、私に限らず、同じ同期のゼミ生同士で悩んだことは①と②が決まらないことでした。

私自身、研究テーマが自身の仕事に関連していたため、自分が明らかにしたいことはある程度わかっている「つもり」でした。しかしそれは「つもり」であって、担当教授からは「あなたは何を明らかにしたいのか」「なぜそのことを明らかにしたいのかの理由」（背景や動機）がわからないという指摘があり、この①と②をクリアするのに何度も厳しく指導されました。

また④の研究方法にも関連しますが、①を明らかにするための研究方法があるのか？　逆にいうと明らかにすることが出来るテーマなのか？　こんなことも①のテーマを悩んで理由の一つになります。

大学院というところで学んだこと

大学院入学時のオリエンテーションで、「大学院は大学と異なり学ぶところではなく研究するところです」といわれました。

しかし、研究というものがよく理解できないまま入学し、とにかく単位修得を楽しんだ1

出所：筆者作成

年生が終わる頃から研究計画書の内容の修正に始まり論文執筆の準備が始まることで、ようやく研究とはというものがわかるようになってきました。

担当教授より厳しい赤字修正や書き直しの指導を何度も受けて、なんとか修士論文の提出を終えた時、初めて自分が「大学院で何を学んだか」を明らかにすることができました。研究とは「問いを立てること」そして「問いを明らかにすること」。そして「修士論文」はその研究結果であるということです。

私自身の研究で明らかになったことはほんの少しであり、十分満足のいく出来栄えではなかったと思っています。しかし大学院では私にとって新たなスキルを身に付けることができました。このことは研究成果よりも研究の世界（アカデミアの世界）を知ることが出来た、ほんの少しでも研究方法を学ぶことが出来たということです。

学んだ点を３つにまとめると以下の通りとなります。

① どのようにして問いを立てるのか？ 先ず「問いの立て方」を学んだ
② その問いをどのようにして明らかにするのか？ という研究方法（手順）
③ 結果をどのように役立て意義あるものとるか？ というこれからの道筋

また修了に必要な単位を修得するために多岐にわたる授業で学んだことも、仕事で実践できる内容が多かったと感じています。社会に出てから経験を積んで習う授業というのは、大学時代の受け身の授業とは雲泥の差で、夜仕事が終わってからという時間にもかかわらずどの授業もとても興味深くおもしろいものでした。

大学院は（私の場合、修士課程は）まさにリスキリングにぴったりの場所であったというのが結論です。

もう一つ別の角度からお話しすると、会社とは全く異なる環境の大学院という世界で過ごせた2年間であったということがあります。ゼミの仲間は20代から60代まで、すべての世代がそろっていました。業種も金融機関、製造業、サービス業、ベンチャー企業、学校の先生など様々で、役員や部長から、実務のプレーヤー、学部生、さらには海外からの留学生まで多岐にわたるメンバーがそろっていました。

こうしたメンバーが同じゼミ生として2年間を過ごすわけですが、ここでは社会的地位や年齢は関係なく、すべてはテーマを解決するスキルだけが重要でした。完全なフラットの世界であり、ダイバーシティを学ぶにも最適な場所でした。また、多様性のある世界で成功するのは、学歴でもなく、社歴でもなく、地位でもなく、スキルであるということも身をもって学びました。

それに何と言っても、違う世界の、違うスキルを持った方々に出逢えたこと、そして同級生としてつながりができた事は今後の大きな財産になりました。

せっかく新しいスキルというものを習得したわけですから、このスキルをいかに活かしていくかが今後のテーマになります。修了式で研究科長が述べた「オリジナリティーを持つこと、そして継続すること」が心に強く残っています。結びとして修士論文を完成させるにあたり、厳しくも丁寧にかつ熱心にご指導頂いた先生と2年間共にしたゼミの皆様にはこの場を借りてあらためて感謝したいと思います。

おわりに

藤本研一

社会人が大学院で学ぶ。その内容をキャリアアップ・キャリアチェンジに役立てる。これをテーマに本書はここまで論を運んできました。社会人大学院をテーマにした書籍は少ないながらも存在していますが、執筆陣が社会人大学院に学んだ経験を持ち、単なる「体験談」にとどめず幅広い視点から議論を重ねているという点で類を見ない1冊となったと自負しております。

前半の第1～6章までは自身の経験も踏まえた社会人大学院をめぐる議論、後半の第7～10章は大学院への進学を通して執筆者自身にどのような変化が生じたのかという著者の実存にも関わる議論が行われています。1冊の中で多様な立場の人間が議論を展開する点で共同執筆の醍醐味が示されているといえるでしょう。

執筆陣の進学した社会人大学院も多様です。おそらく、社会人大学院という言葉でイメージされるほとんどの分野を網羅しているといえます。その点でも意義深い1冊となったのではないでしょうか。

本書を読み終えますと、社会人の大学院進学を通した執筆者に共通の経験が読み取れます。具体的には社会人が大学院に進学する際、次の3段階のステップがあるようです。①漠然とした進学への意欲があり、②それがなにかのきっかけで「いま大学院に進学したい」という意欲に結実し、③それを実行する。この3段階です。

たとえば、第8章の波さんの記述では対象の見出せない「煮え切れなさ」をなんとかしたいという、漠然とした思いが描かれています。その「煮え切れなさ」が地方営業所所長での経験を通し「小さい会社に何かしら提案したい」という思いで明確化することになりました。実際にその思いを実現するため大学院に進学するという行動につながったわけです。

第9章の鈴木さんも、大学院で学ぶことがこれまでの看護師経験を肯定し、自分を支える存在になったことが示され、大学院進学による心理的変化が起きたことが読み取れるのです。

ここから言えるのは大学院で学ぶことは自己変容を引き起こすということです。波さんや鈴木さんに限らず、大学院進学による自己変容は本書のテーマでもあります。たとえば、学ぶ中で向学心が高まり、結果、博士後期課程に進学したという記述も見られますし（第5章の森内さん・第7章の岡部さん）、学ぶことでビジネス上の問題解決やキャリアアップにつながったという記述も見られます（第5章の森内さん・第6章の浅田さん・第7章の岡部さん）。また、「研究とは何か」という疑問も修士論文執筆をとおして自分なりに答えを出せるようになったという記述もあります（第10章の池嶌さん）。

社会人が大学院で学ぶことは、当初思ってもいなかった自分に変化できる機会でもあるのです。そんな変化の機会を、ぜひ読者の皆様にも味わって頂けたらと思います。

本書の内容が、読者の皆様のお役に立てるようであれば執筆者一同幸甚に存じます。

働きながら社会人大学院で学ぶ研究会

社会人の学び直しとして、社会人大学院の活用法を検証していきます。どの分野が専門であろうと構いません。継続して学び続けることで、自分自身を取り戻せると思う方は、ぜひ参加してください。意外性や驚きのあるテーマを深く研究していきたいと思います。

なぜ社会人大学院で学ぶのかⅠ　-人生 100 年時代の学び直し-

2024 年　7 月　25 日　　　初版発行

著者　　山越誠司、藤本研一
発行者　千葉慎也
発行所　合同会社 AmazingAdventure
　　　　（東京本社）　東京都中央区日本橋 3－2－14
　　　　　　　　　　　　新槇町ビル別館第一　2 階
　　　　（発行所）　　三重県四日市市あかつき台 1－2－208
　　　　電話　050－3575－2199
　　　　E-mail　info@amazing-adventure.net
発売元　星雲社（共同出版社・流通責任出版社）
　　　　　　　〒112-0005 東京都文京区水道 1-3-30
　　　　　電話　03-3868-3275
印刷・製本　ニシダ印刷製本

ISBN978-4-434-34392-6　C0037